KB164296

오랜 동료이자 존경하는 조원동 전 경제수석의 역저가 출간됐다. 게임이론으로 우리
경제의 과거 및 현재의 주요 현안 10가지를 풀어본 것이다. 풍부한 정책 수립 경험과
고도의 학문적 배경을 갖춘 조 수석이 아니라면 분석해낼 수 없는 가치 있는 자료라
고 생각한다. 이 책의 장점은 다음과 같다.

첫째, 한국경제가 맞닥뜨린 주요 경제 현안에 대해 게임이론이라는 새로운 시각에서
풀어봄으로써 신선하고 창의적인 분석의 틀을 제공한다. 많은 사람들이 여기 소개된
각종 현안에 대해 나름의 분석과 설명을 해왔으나 대부분 규범적normative 시각을 벗
어나지 못했다. 규범적 시각이 아니라 상대방이 있는 게임의 해解를 찾는다는 시각에
서 각종 현안을 분석한 것은 아마도 이 책이 처음일 것이다.

둘째, 상호 대립 또는 협력하는 정책 수립 플레이어player들을 감안해 실천 가능한 정
책 처방을 만들 수 있는 단초를 제공한다. 현재 우리나라는 국가 권력의 많은 부분이
국회로 넘어가 있고 국회가 정파주의적 갈등에 봉착해 있어 정부가 올바른 정책 처방
을 밀고 나가는 데 어려움을 겪고 있다. 이러한 상황에서 정책 수립의 주체인 정부, 표
를 먼저 생각하는 국회, 정책의 대상이 되는 시민 등이 각자의 이익을 극대화하는 전
략을 추구하면서 상호작용을 통해 적절한 해를 찾아나가는 과정이 바로 현실이라는
점을 고려할 때 이 책의 가치는 매우 크다. 강호제현의 일독을 권한다.

_ 권오규, 전 경제부총리

게임이론으로 경제 현상을 풀어 쓴 이유에 대해 "진영논리를 제거하고 경제의 민낯
을 보기 위해서"라고 말하는 저자의 설명이 우선 신선하게 다가온다. 이 책은 실제 있

었던 굵직한 경제 현안을 게임이론의 틀로 재해석하고 있는데, 경제 정책 결정의 일선에 있었던 저자의 눈을 통해 당시 상황과 이해당사자들의 득실이 여과 없이 드러난다. 경제 각 부문에 걸쳐 개혁이 절실한 시점에 나온 이 책은, 지난 사례를 다루고 있지만 현재의 개혁 과제를 어떻게 추진할 것인가에 대해서도 단초를 제시하고 있다. 투명성, 대칭적 정보교환, 일회성이 아닌 무한연속 게임이라는 인식 등 사회적 신뢰 형성을 강조한다는 점도 시사하는 바가 크다. 무엇보다 이 책은, '경제 에세이'라고 하는 저자의 소개처럼 딱딱하지 않고 쉽게 읽힌다는 점이 돋보인다.

_ 박용만, 대한상공회의소 회장·두산그룹 회장

경제를 보는 사상의 흐름이 여러 갈래로 나뉘듯이, 경제 현상의 인과관계를 분석하는 도구도 다양하다. 1981년부터 2014년까지, 엘리트 공무원으로 정부 정책에 관여했던 조원동 전 경제수석은 옥스퍼드대학교 박사로 잘 훈련된 이코노미스트다. 그가 게임이론으로 한국경제의 주요 이슈를 분석하고 정책적 의미를 도출해내, 후배 공무원들은 물론 경제 정책에 관심 있는 모든 분들에게 도움을 준다.

이 책에 제시된 자료는 그가 직접 경험한 것이기에 영화를 보듯이 생생하고, 게임이론이라는 현미경으로 보여주는 상황은 정밀하고, 분석은 예리하다. 특히 노동개혁이 국가적 과제가 되고 있는 현시점에서, 게임이론에 근거한 노사관계에 관한 그의 탁견은 노사정 모두에게 시원한 바람이 될 것이다.

_ 김광두, 국가미래연구원 원장

경제는 게임이다

Copyright ⓒ 2015, 조원동
이 책은 한국경제신문 한경BP가 발행한 것으로
본사의 허락 없이 이 책의 일부 또는 전체를 복사하거나 전재하는 행위를 금합니다.

경제는 게임이다

갈등의 시대, 게임이론으로 공존의 해법을 찾다

조원동 지음

한국경제신문

들어가며

책을 써보겠다고 생각한지 꼭 5년 만이다. 2010년 8월 이명박정부 중반 국무총리실 사무차장직을 마지막으로 당시 31년 넘은 공직생활을 마무리 지으며 '인생 제2기를 어떻게 시작할까' 고민한 끝에 내린 생각이었다. 그해 말 한국개발연구원_{Korea Development Institute, KDI} 국제정책대학원에서 〈구조조정의 정치경제학〉이라는 제목으로 강의를 시작했다. 한국이 IMF사태 때 겪었던 구조조정의 경험을 게임이론으로 설명해보려는 것이었다. 한 주 한 주 강의를 준비하며 자료를 축적해왔지만 막상 책을 쓴다는 것은 쉽지 않은 일이었다. 그 이듬해인 2011년 조세연구원장직, 그리고

2013년 2월 박근혜정부의 초대 경제수석비서관직으로 이어진 현직 복귀는 어쩌면 어려운 집필을 미룬 좋은 핑계였다.

2014년 8월 다시 현직에서 물러나 대학 강의를 시작하며 집필을 시작했다. 그러나 여전히 어려웠다. 무엇보다 집필 방향을 잡는 게 쉽지 않았다. 당초 생각은 대학 부교재로 사용할 수 있으면서 대중적으로도 읽힐 수 있는 책을 써보자는 것이었다. 대학교재로 쓸 수 있으려면 비록 순수 이론서는 아니지만 어느 정도 이론적 체계가 있어야 한다. 한편 대중적으로 읽히려면 이론보다는 필자의 생각이 담겨야 한다. 하나하나가 쉽지 않은 일이었지만 이 두 가지를 어떻게 조화시키느냐가 더욱 어려웠다. 아무리 쉽게 설명하려 해도 이론은 딱딱하다. 그렇다고 필자의 생각에 초점을 맞춘다면 자서전적 회고이거나 일방적 주장에 머무르게 될 가능성이 높다.

많은 분들의 조언을 받아 집필 방향을 게임이론을 방법론으로 하는 필자의 '경제 에세이'로 설정했다. 게임이론을 방법론으로 현실 경제를 조망하되, 이를 바탕으로 필자의 생각을 담아내보자는 것이었다. 이 책에서 다룬 사례들은 주로 1997년 외환위기 전후에서 찾았다. 그 이유는 두 가지다. 첫 번째는 필자가 보기에 이 시기를 계기로 한국경제가 근본적으로 달라졌기 때문이다. 과거 개발 연대의 압축성장 과정에서 나타났던 구조적 문제가 한꺼번에 터져 나오면서 한국경제는 큰 시련을 겪었다. IMF라는 외부기관의 관리 감독 아래 한국경제는 기업, 금융, 노동시장 등 각 방면에서 대수술을 받았다. 한국경제는 지도에 없는 길을 가야 했다. 경제 주체들의 행동에도 큰 변화가 불가피했다. 필자는 이런 상황이 게임이론 적용 측면에서 이상적이라고 보았다.

두 번째 이유는 더 실질적이다. 필자는 외환위기 시기에 현장에 가깝게 있었다. 필자는 문민정부 후반 청와대 정책기획수석실에서 근무하며 각종 개혁 과제를 다뤘다. 일부는 성공했지만 그렇지 못한 과제들도 많았다. 그 당시 성공하지 못한 과제 중 기업지배구조 선진화, 금융개혁, 노사개혁, 정부부문 복식부기 도입 등의 과제들은 경제위기 극복 과정에서 IMF 프로그램에 전격적으로 반영된 바 있다. 국민의정부에서는 초기부터 청와대에서 근무하게 됐다. 처음에는 정책기획수석실에서 시작했지만 이어 경제수석실로 자리를 옮겨 총괄행정관으로 각종 경제 개혁 조치의 입안과 이행 과정을 지켜봤다. 재정경제부로 복귀한 뒤에도, IMF이사실 선임보좌관 시절에도 이런 일이 계속됐다. 이 시기 필자의 경험을 기록으로 남기고 싶었다.

그렇다고 이 책의 사례들이 모두 외환위기 시기에 국한된 것은 아니다. 외환위기 극복 과정에서 제도가 획기적으로 변화된 사례를 중점적으로 다뤘지만 이때를 계기로 제도의 틀이 갖춰져 그 후 지속적으로 변화된 사례도 담았다. 예컨대 9장의 중소기업 분야, 10장의 복지사회안전망 분야 등이 이에 해당된다.

이 책에서 필자는 각 장마다 독립적인 주제를 담으려 했다. 가급적 게임이론을 응용한 사고체계가 완결될 수 있도록 노력하면서 각 사례들은 나름대로 시대별 편제를 고려해 배치했다.

1장에서는 주인-대리인 이론을 활용해 개발경제시대 한국경제 발전모델이 왜 성공할 수 있었고, 이후 왜 한계를 드러내고 외환위기의 단초를 제공했는지 다뤘다. 2장은 1972년 8·3사채동결조치를 구제금융조치의 시각에서 다뤘다. 비록 게임이론을 직접 적용한 것은 아니지만 1997년 외환위기의 맥락을 살펴보기 위해서다. 3장에서는 외환위기의 직접적 원인이 됐던 단기외화채무 문제를 유발시킨 자본시장 개방을 살폈다. 자본시장의 개방 순서가 바뀐 배경을 정치경제학적 관점에서 다뤘다.

4장부터 7장에는 IMF구제금융 프로그램에서 핵심적으로 다뤄진 기업과 금융구조조정 사례를 담았다. 4장에서는 법에 근거를 둔 기업회생조치인 법정관리제도와는 별도로 사적합의제도인 워크아웃이 왜 필요했는지 다뤘다. 5장에는 이 시기 대표적인 구조조정 사례인 대우그룹 구조조정을 담았다. 6장에서는 이 시기 기업구조조정 수단으로 활용됐던 빅딜이 왜 절반의 실패에 머물렀는지 다뤘다. 한편, 7장에서는 금융구조조정이 먼저 시작된 뒤 어떻게 기업구조조정이 본격적으로 이뤄졌는지 설명했다.

8장부터 10장에서는 노사관계 분야, 중소기업 분야, 지방재정 분야를 각각 다뤘다. 8장에서는 IMF사태라는 긴박한 상황에서도 한국의 노사관계가 왜 비타협적으로 진행됐는지 설명했다. 9장 중소기업 분야에서는 IMF사태를 통해 직격탄을 맞았던 우리의 어음제도를 중심으로 이후 대기업-중소기업 간 상생의 시각에서 중소기업 관련 제도를 다뤘다. 마지막 10장에서는 외환위기 극복 과정에서 첫 단추를 꿰게 되는 사회안전망 강화조치가 이후 어떤 과정을 통해 현재 지방재정의 현안인 복지재원 조달 문제로 발전했는지 살피고, 게임이론적 접근 면에서 어떤 해법을 찾아볼 수 있는지 모색해보았다.

집필 과정에서 많은 분들의 도움을 받았다. 우선 집필 방향을 못 잡고 헤매고 있는 필자에게 방향을 알려주며 초고의 각 장이 끝날 때마다 친절한 도움말을 아끼지 않았던 이정재 중앙일보 논설위원에게 감사드린다. 집필 의욕이 떨어질 때마다 조언을 아끼지 않았던 한경BP 고광철 사장에게도 감사드린다. 아울러 이 책에 인용된 많은 자료를 선뜻 내준 KDI 김준경 원장과 10장을 꼼꼼히 읽고 이론적 근거를 제공해준 조세재정연구원 김정훈, 김현아 박사에게도 감사드린다. KDI 국제정책대학원과 중앙대학교에서 강의를 들으며 필자가 생각을 다듬을 수 있는 기회를 마련해준 수강생 여러분에게도 고마움을 전한다. 무엇보다 오랫동안 답답하고 지리했던 집필 과정을 묵묵히 지켜봐준 아내 조효남과 아들 연식, 딸 인영에게 마음으로부터 고마움을 전한다.

2015년 8월

조원동

차례

들어가며 4
서문 **왜 게임이론인가** 14

1장
한국주식회사의 부상과 몰락

한국주식회사의 등장 • 23
한국경제, 대만경제와 뭐가 다르고 닮았나 • 24
한국주식회사의 작동 원리를 설명하는 주인-대리인 이론 • 28
같은 배 태우기 전략: 수출 주도 공업화 전략 • 36
효과적인 모니터링 • 40
한국주식회사 성공 요인의 퇴조 • 42
한국주식회사의 공과 • 47

2장
8·3사채동결, 최초의 구제금융

우리나라 최초의 구제금융 조치 • 53
8·3사채동결, 차관경제의 후유증 해결을 위한 고육책 • 54
8·3사채동결조치는 국가적 채무구조조정 • 59
부실기업 정리와 여신관리협정, IMF사태 때와 판박이 기업구조조정 • 61
정부의 재량이 빚은 잘못된 역사의 반복 • 64

3장

첫 단추를 잘못 꿴 자본시장 개방

외환위기를 겪은 진짜 이유 • 69

단기해외 빚 급증의 주범, 종금사와 은행 해외자회사 • 71

뒤바뀐 자본시장 개방 순서, 어쩔 수 없는 현실적 귀결? • 74

자본시장 개방을 둘러싼 정부 내 시각차: 경제기획원 대 재무부 • 79

영국의 금융 빅뱅과 일본의 금융 빅뱅 • 84

IMF 감독 아래 추진된 영국식 빅뱅 • 88

4장

법정관리인가, 워크아웃인가

워크아웃의 실리 • 93

죄수의 딜레마와 법정관리제도 • 94

워크아웃과 법정관리 • 99

기업도산법제도의 변화 • 101

해외채권자와 협상: 대우 대 SK네트웍스(구 SK글로벌) • 104

워크아웃과 공적자금 • 109

워크아웃의 재조명 • 113

5장

대우에 비상벨이 울리고 있다

김우중 회장의 억울함? • 119

끝까지 강수, 허세 부리기 전략 • 120

김우중 회장만 아는 대우 경영 상황 • 121

경영 위기 자인하면 김우중 회장은 모든 걸 잃는다? • 126

대우그룹, 자력 구조조정의 성공 가능성? • 129

대우 워크아웃, 잃은 것과 얻은 것 • 136

6장
빅딜은 성공했나

5대 그룹 빅딜설 • 141

빅딜의 궤도를 바꾸다 • 143

빅딜, 절반의 성공 • 148

죄수의 딜레마로의 회귀: 정치화 비용 • 150

하이닉스 사례 • 152

삼성자동차와 대우전자의 맞교환 • 155

적어도 과잉시설 정리에는 효과적이었던 빅딜 • 158

산업구조조정 수단으로서 빅딜을 재조명하다 • 160

7장
구조조정, 공적자금 투입의 진실

기업구조조정을 위한 가장 현명한 제안 • 167

부실채권 매입은 이익 내는 장사 • 168

공적자금의 기업 직접 투입은 빠른 구조조정을 유도한다? • 172

금융기관을 경유한 공적자금 투입, 유일한 현실적 대안 • 178

선금융구조조정이 기업 줄도산을 부른다? • 182

한국자산관리공사는 부실채권 도매업자였다 • 186

공적자금 투입 방법 되돌아보기 • 189

8장
끝없는 대립, 노사관계 해법은 없나

한국의 노사관계, 바뀔 수 있을까 • 195

죄수의 딜레마 게임을 무한반복하라 • 196

직장을 잃는 비용 • 202

불완전정보와 회계투명성 • 207
통하지 않는 응징전략 • 211
응징전략 성공 사례, 두산중공업 • 213
타협적 노사관계로의 전환을 위한 제언 • 215

9장
대기업과 중소기업, 상생이 답이다

대기업과 중소기업의 상생 가능성 • 221
중소기업 홀대에서 경제민주화까지 • 223
중소기업의 정보비대칭성을 극복하는 수단, 보증제도 • 227
외상매출과 어음제도 • 233
원청-하청기업 간 '같은 배 태우기' 방안 • 240
경제민주화를 넘어서 • 246

10장
복지와 지방재정의 미래

복지제도의 방향 전환 • 253
지방재정에 대한 오해와 진실 • 256
복지보조금의 정치경제학 • 262
분권교부세 실험 • 269
일본의 소비세 인상 실험 • 273
복지재정 개혁이 주는 시사점 • 277

주 281
참고문헌 283

왜 게임이론인가

이 책은 게임이론을 방법론으로 활용한 필자의 경제 에세이다. 필자는 게임이론을 다음 세 가지 이유에서 선택했다. 첫 번째는 인생이 바로 게임이기 때문이다. 애초 인간은 빈손으로 세상에 온다. 살면서 쥐는 법을 배우고 익힌다. 누군가는 더 많이, 누군가는 더 적게 쥔다. 애초 빈손이었던 우리가 살면서 손에 쥔 것들은 모두 남에게서 빌려온 것이다. 어떻게 빌려오는 게 최선일까. 정답은 없다. 하지만 해답은 있다. 그 해답을 찾는 도구가 바로 게임이론이다. 게임이론은 바로 배분의 문제를 다루기 때문이다.

누가 게임이론을 처음 만들어냈는지는 명확하지 않다. 혹자는 《탈무드Talmud》에서 기원을 찾는다[1]. 《탈무드》의 논쟁 중엔 게임이론과 연관 지을 수 있는 사례들이 꽤 있다. 예컨대, 죽은 사람의 재산이 그가 남긴 빚보다 훨씬 적을 경우 화가 난 채권자들이 그의 재산을 나눠 갖는 법, 한 사람은 옷 한 벌이 다 자기 것이라고 우기고 다른 사람은 그

절반이 자기 것이라고 우길 때 그 옷을 나눠 갖는 법 따위다. "아이를 나눠 가지라"는 판결로 친모를 찾아준 솔로몬의 해법도 넓게 보면 원시적 게임이론이라 할 수 있다.

탈무드를 벗어나면 게임이론은 20세기에 와서야 비로소 모습을 드러낸다. 1994년 존 폰 노이만John von Neumann과 오스카 모르겐슈테른Oskar Morgenstern이 출간한 《게임이론과 경제행동Theory of Games and Economic Behavior》이 그것이다. 20세기 가장 위대한 수학자로 불리는 폰 노이만은 '최소최대정리Minimax Theorem'를 개발했다. 최소최대정리란 게임 참가자 두 사람의 잠정적 손실을 최소화하거나 그들이 아무것도 가진 것이 없을 때 상황을 최대한 이용하는 방법이다. 폰 노이만과 모르겐슈테른은 최소최대정리를 확장해 다른 전략게임들을 제시하고 게임이론의 세계를 소개했다. 폰 노이만 이후 경제학자들은 독점금지정책, 핵억제전략 등에 게임이론을 적용했다. 치킨게임The Game of Chicken, 승자의 저주The Winner's Curse, 죄수의 딜레마Prisoner's Dilemma가 모두 게임이론에서 나왔다.

인생을 게임에 견주는 것은 비단 필자만의 생각은 아닌 듯하다. 경제학자 토머스 셸링Thomas Schelling도 인생과 게임이론을 빗대 "결과는 두 사람이 어떤 선택을 내리느냐에 따라 달라진다. 두 사람이 만들 수 있는 절대적인 '최고'의 선택이란 없다. 그것은 다른 사람들이 무엇을 하느냐에 따라 달라진다"고 말했다. 인생이 그렇듯 게임에는 항상 하나 이상의 상대방이 있다. 다른 참가자들의 전략을 예상하면서 가능한 최선의 전략을 찾아내는 것, 그것이 게임이론의 목표다. 문제는 '내가 원하는 것을 얻는 것'이 항상 '가능한 것'도, 항상 '옳은 것'도 아니라는 점이다. 따라서 모든 것을 다 가지는 게 아니라 주어진 상황에서 내가 가질 수 있는 최대한을 선택하는 것이 게임이론의 본질이다. 그런데 고약한 것은 상대방도 최선의 결과를 추구한다는 점이다. 내가 같은 선택을 하더라도 상대방의 선택에 따라 결과물이 달라진다. 화투나 카드 게임에서 상대가 좋은 패를 쥐면 내겐 나쁜 패가 돌아오는 것과 마찬가지 이치다.

게임에서 모든 참여자가 더 이상 선택을 바꿀 유인을 못 느끼는 최적의 상태, 바로 이것이 게임의 해解다. 그리고 이런 해는 반드시 하나 이상 존재한다. 영화 〈뷰티풀 마인드 A Beautiful Mind〉의 주인공인 존 내시 John Nash는 바로 이를 증명해 노벨경제학상을 수상했다. 물론 '최적'이 늘 '최선'은 아니다. 경제학자 로버트 웨버 Robert webber가 "내시균형이란 모든 사람들이 멍청한 짓을 하지 않고 합리적으로 행동할 경우 볼 수 있는 세상의 모습"이라고 말한 이유다. 게임이론은 경제뿐 아니라 정치·외교는 물론 실생활에 다양하게 적용할 수 있다.

게임이론을 선택한 두 번째 이유는 게임이론이 '생각하는 방법'이기 때문이다. 게임이론의 해는 상대방을 먼저 고려해야만 구해질 수 있다. 나 혼자만의 이익을 극대화하는 것은 게임의 해가 아니다. 상대방이 반응하면 내가 처한 환경이 달라지기 때문이다. 마치 교통방송의 정보를 믿고 혼잡한 고속도로를 피해 국도를 선택했다가 같은 정보를 듣고 몰려든 다른 운전자들로 인해 오히려 낭패를 보는 경우처럼 말이다. 게임이론을 적용하려면 자기 입장을 결정하기 이전에 상대방 입장에서 먼저 생각해보는 역지사지易地思之의 사고방식은 기본이다.

게임의 해를 찾는 대전제는 상대방도 나처럼 합리적(경제용어로는 이윤추구)이라는 데 있다. 진영논리와는 근본적으로 다르다. 진영논리는 한 치의 틈도 상대에게 허용하지 않으려는 날선 갑옷과 방패로 무장하고 있다. 진영논리가 득세하면 경제는 한 발자국도 앞으로 나아갈 수 없다.

반면, 게임이론은 옳고 그름을 따지는 이분법적 잣대를 제공하지 않는다. 게임의 해를 찾아가는 방법론을 제공할 뿐 가치판단까지 내려주는 것은 아니다. 주어진 게임 상황마다 참여자의 행동은 달라질 수 있고 따라서 게임의 해도 달라지기 때문이다. 예컨대, 게임이 단 한 번의 승부로 끝날 때와 똑같은 게임을 반복해서 행할 때 게임에 임하는 참여자의 전략은 달라질 수 있다. 또 상대방이 내가 가진 정보를 알고 있을 때와 그렇지 않을 때 나의 전략은 달라질 수 있다. 게임이론은 각 상황에서 어떻게 해를 찾아나갈지 안내하는 나침반 역할을 할 뿐 정해진 답을 주는 것은 아니다. 가치판단은 미뤄놓고 경제 현실에 기초한 해답을 찾아가는 과정이다.

게임이론을 선택한 마지막, 가장 중요한 이유는 게임이론 적용의 대전제가 이해관계자를 직시하는 것이기 때문이다. 게임을 구성하는 세 가지 요소는 복수의 플레이어, 플레이어들이 구사하는 전략, 플레이어들의 판단 기준인 보수pay-off다. 이 세 가지 요소를 꿰뚫는 것이 플레이어의 존재다. 게임이론을 적용하려면 이해당사자에 대한 명확한 사실 확인이 필요하다. 먼저 해당 게임의 이해당사자가 누구인지 파악한 뒤 이해당사자들이 처한 상황과 이해득실을 명확히 파악해야 한다. 마지막으로 이해당사자들의 선택이 어떻게 표현되는지도 정확히 알아내야 한다. 이해당사자가 기업과 기업이라면 선택은 생산량 조절로 나타날 수도 있고 새로운 업종에 대한 진입 여부로 나타날 수도 있다. 이해당사자가 국가와 개인이라면 선택은 선거 결과로 나타날 수도 있고, 국가가 만들어 놓은 틀에 대한 순응 여부로도 나타날 수 있다. 이 과정에서 자연스럽게 이해당사자에게 초점이 맞춰진다. 전통 경제학 이론에서 종종 경시되기 쉬운 개별 경제 주체가 자연스럽게 분석자의 사고체계 중심에 서게 되는 것이다.

　게임이론에서 시장만능주의는 더 이상 성립하지 않는다. 주어진 상황에 따라 해답은 달라지고, 그 해법은 게임의 당사자들에 대한 면밀한 사실 확인에서부터 시작된다. 게임이론을 활용한 규제정책 연구에 대한 공로로 2014년 장 티롤Jean Tirole에게 노벨경제학상을 수여하면서 노벨위원회는 이렇게 밝혔다. "규제는 어렵지만 많은 경우 불가피하다. 규제를 설계할 때 최선의 방법은 개별 사례마다 미묘함과 복잡성을 최대한 고려하는 것이다. 티롤 교수는 이런 미묘함을 체계적으로 이론화했다. (이 과정에서) 그의 작업은 경쟁과 시장이 모든 문제를 해결해줄 수 있다는 전통적인 시카고적 가정에서 벗어났다."

　이해관계자를 직시하는 사고의 틀은 특히 정책결정자에게 중요하다. 정책을 설계하고 집행하는 데 있어 미리 정해놓은 이념이나 가치관을 여과 없이 적용하는 것은 금물이다. 비록 국가경제의 큰 틀에서 시장과 경쟁이 맞는 방향이라 하더라도 현실 경제에서 맞부딪치는 각종 현실 문제에 대해 무조건 정해진 답을 들이밀어서는 안 된다. 대상자들이 자신의 이익을 좇아 행동한다고 탓해서도 안 된다. 인생이 그렇듯이 게임에서 개인의 사익 추구는 당연한 것이다. 정책결정자라면 먼저 이해관계자들의 이해관계를 정확히 파악해야 한다. 그리고 사실 확인을 토대로 정책대상자의 입장에서 정책대상자가 취할 선택을 예상해야 한다. 정책대상자들의 사익 추구로 나타나는 결과물이 국익에서 크게 벗어난다면 게임의 규칙 자체를 바꾸면 된다. 정책대상자에게도 도움이 되고 국가경제에도 도움을 줄 수 있게 제도를 설계하는 것이 공직의 책무이기 때문이다. 공직의 창의성은 바로 여기서 나온다.

　이런 게임이론으로 우리 경제를 들여다보면 어떨까. 풀리지 않는 숙제에 대한 해답이 나올 수도 있지 않을까. 압축성장한 우리 경제엔 숙명적으로 정치가 깊이 배어 있다. 지금까지도 정치논리에 휘둘려 경제가 휘청대기 일쑤다. 요즘 들어서는 갈수록 진영논리가 거세진다. 가능한 정치를 빼고 경제를 전진시키는 방법은 없을까. 게임이론에 생각이 미친 게 바로 이 지점에서다. 게임이론은 진영논리를 제거한 경제의 민낯을 보여줄 수 있다. 국민의정부 시절부터 거슬러 올라가 가장 민감했던 경제 현안 10가지를 골라 게임이론으로 재해석했다. 필자가 직접 겪었고 아는 것부터 다루는 게 올바른 접근법이라 생각해서다. 물론 현재의 노사 문제, 중소기업 문제, 복지 논쟁도 다뤘다. 과거와 현재에 이르기까지 게임이론은 여전히 해법을 찾아내는 유용한 도구일 수 있다. 이런 시도들이 우리 경제·사회의 막힌 이념의 벽을 뚫고 앞으로 나아가는 데 일조했으면 하는 바람이다. 그것이 비록 1밀리미터에 그친다 해도.

1장

한국주식회사의
부상과 몰락

한국주식회사의 등장

'한국주식회사 Korea Inc.' 라는 말이 있다. 국가경제를 위해 정부가 지휘하고 대기업들이 손발이 돼 뛰는 것을 비유한 표현이다. 국민 입장에서 썩 기분 좋은 말은 아니다. 한국경제를 계획경제로 폄하한다는 느낌이 들기 때문이다. 그런데 주식회사라는 용어는 1980~1990년대 아시아 경제 성공을 대표했던 네 마리 '아시아 용' 중 한국을 칭할 때만 사용된다. 도시국가인 홍콩, 싱가포르야 그렇다 치더라도, 대만경제를 주식회사라고 표현하는 것은 들어보지 못했다. 왜 그럴까. 개발연대 한국경제를 주식회사로 볼 수 있었던 특별한 근거가 따로 있다는 말인가. 결론부터 말하자면 그렇다.

한국주식회사는 1990년대 초까지 성공모델로 꼽혔다. 비록 1980년대 초 어려움이 있었지만, 대기업이 주도한 한국의 중화학산업은

1986년 이후 3저 호황기를 맞아 대만과 경제력 차이를 크게 벌려놓을 수 있었다. 1988년 서울올림픽을 통해 전 세계에 성공 신화가 알려지기도 했다. 이처럼 성공했던 한국주식회사는 1990년대 초반부터 서서히 삐걱거리기 시작한다. 급기야 1997년에는 국제통화기금International Monetary Fund, IMF 의 구제금융을 받는 처지가 되고 만다. 한국주식회사는 어떻게 성공했고 왜 몰락하게 됐을까.

한국경제, 대만경제와 뭐가 다르고 닮았나

우리보다 앞서 선진국 대열에 진입한 일본을 제외하면, 1990년대까지 아시아 경제의 고속성장을 주도했던 국가는 한국과 대만이라고 해도 크게 틀린 말은 아니다. 두 나라 경제는 공통점도 많다. 우선 두 나라 모두 산업화 속도가 매우 빨랐다. 특히 농업기반 경제에서 제조업기반 경제로의 전환 속도가 빨랐다. 서구 국가들이 100년 넘게 걸렸던 산업화를 이루는 데 한국과 대만은 30~40년밖에 걸리지 않았다.

둘째, 빠른 산업화의 동력은 투자였으며 투자의 상당 부분은 외국에서 수입해온 시설재, 기자재였다. 1973년 중화학공업화 선언 이후 한국의 투자는 국내총생산Gross Domestic Product, GDP 의 35퍼센트 선까지 크게 늘었다. 수입도 빠른 속도로 늘어났다. 수입의 상당 부분은 투자에 사용되는 시설재와 기자재였는데 증가율이 매년 10퍼센트를 넘을 정

표 1-1 산업화 속도의 국제 비교

부문별 부가가치 점유율(%)				부문별 고용점유율(%)			
국가	연도	농업	제조업	국가	연도	농업	제조업
영국	1841	23.6	37.6	미국	1839	34.6	10.3
	1861	18.8	38.6		1945	8.9	25.2
프랑스	1856	51.7	21.9	일본	1900	34.0	11.0
	1962	20.0	28.2		1968	10.0	29.7
독일	1882	147.5	27.2	대만	1952	35.9	10.9
	1950	18.7	32.9		1980	9.2	34.2
미국	1840	68.6	6.9	한국	1960	36.9	13.6
	1940	16.9	22.4		1989	9.6	31.0
일본	1920	536.0	16.8				
	1970	19.3	26.3				
대만	1952	56.1	12.4				
	1980	19.5	32.6				
한국	1963	63.0	7.9				
	1989	19.6	27.8				

산업화는 농업부문에 종사했던 인력이 제조업으로 빠져나가 경제의 부가가치 창출 중심이 제조업으로 이전되는 것을 지칭한다. 대체로 농업부문 고용점유율이 20퍼센트 이하로 떨어지고 부가가치 비중도 10퍼센트 이하로 떨어지는 시점을 말한다. 영국, 프랑스 등 산업화가 빨리 시작된 유럽 국가는 물론 뒤늦게 산업화를 시작한 미국도 산업화가 달성되기까지 약 100여 년이 걸렸다. 이웃 일본의 경우에도 산업화는 50~70년이 걸렸다. 그러나 한국과 대만의 경우 30~40년이라는 비교적 빠른 시간 내에 산업화가 달성됐다.
* 자료 출처: KDI

도였다. 대만도 비슷했다. 한국처럼 빠른 속도의 중화학공업화를 선택하지는 않았지만 투자가 GDP의 25~30퍼센트를 차지했다. 기자재, 시설재 수입도 매년 10퍼센트를 넘었다.

셋째, 정부가 산업화 과정에 적극 개입했다. 비록 정부의 개입이 '시장경제를 보완하기 위한 것'(앤 쿠르거 Anne Krueger 등 신고전주의 학파)이었는지 아니면 '시장 실패를 더 적극적으로 극복하기 위한 것'(대니 로드릭 Dani

표 1-2 한국과 대만 간 투자와 수입의 양태 비교

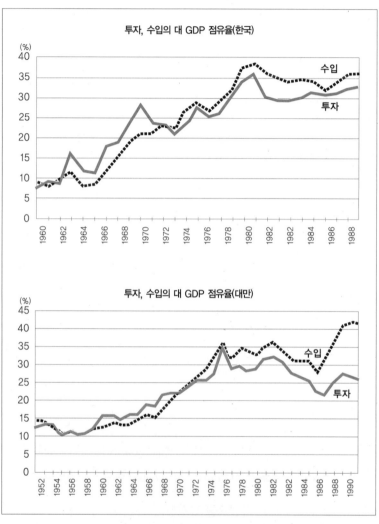

한국과 대만 모두 산업화 시기 중에는 투자가 경제 전체에서 차지하는 비중이 매우 높았다. 특히 한국의 중화학공업화 전략이 본격화된 1970년대 후반에는 투자가 GDP의 30퍼센트를 상회할 정도로 높았다. 대만 역시 한국보다는 다소 낮았지만 1970년대에 걸쳐 투자가 GDP에서 차지하는 비중은 25퍼센트를 상회했다. 이런 투자를 뒷받침했던 것은 수입이었다. 양국 모두 수입의 상당 부분은 투자에 필요한 자본재, 시설재로 채워졌다. 이에 따라 양국 모두 수입은 투자 증가와 거의 같은 속도로 늘어났다.

*자료 출처: Dani Rodrik[1]

Rodrik 등 수정주의 학파)이었는지를 놓고는 학설과 견해가 갈리지만 두 나라 정부가 산업화에 적극적으로 개입했다는 데는 학계에서도 이견이 없다.

그렇다고 한국과 대만의 경제 성장 양상이 똑같았던 것은 아니다. 경제 성장을 주도한 투자를 실제 집행한 세력이 어디냐에 따라 두 나라 경제 발전 방식은 크게 엇갈린다. 대만 중화학공업 투자의 주역은 공기업이었다. 1981년 대만경제의 공기업 비중은 남아프리카공화국 정도를 제외하면 시장경제를 채택한 국가 중 가장 높았다. 1980년대 대만 10대 기업 중 7개가 공기업일 정도였다. 반면, 한국 중화학공업의 주역은 대기업이었다. 밑그림을 그리고 차관자금과 시설금융을 알선해준 것은 정부지만 이를 집행하고 실제 이행에 옮긴 것은 대기업이었다.

우리나라의 경우는 박정희 대통령이 선두에 서서 끌고나가기도 하고 밀기도 하고 징벌도 하면서 실천에 옮겼단 말이에요. 그 과정에서 정부가 요즘 관점에서 보면 지나쳐 보이는 시장 개입도 많이 했지만, 그러면서도 우리는 항상 '경제라는 것은 기업과 시장이 하는 거지 정부가 하는 것이 아니다. 이걸 조화를 시키려면 정책을 친기업적으로 움직여야 한다.' 이런 철학으로 추진했단 말이죠.

–《코리안 미러클 1》, 김용환 전 재무장관 증언[2]

잘하는 기업에는 더 많은 기회가 주어졌다. 여러 가지 중화학 분야 사업을 동시에 수행해야 하다 보니, 자연스럽게 여러 개의 계열사를

표 1-3 주요 그룹별 계열사 수 및 업종 변화 추이

	계열사 수		중공업 참여 분야
	1974	1978	
현대	9	31	자동차, 기계, 철강, 조선, 알루미늄, 석유정제, 발전설비, 중공업
삼성	24	33	조선, 일반기계, 전기교환기, 석유화학
대우	10	35	기계, 자동차, 조선
럭키(LG 전신)	17	43	석유화학, 석유정제, 전자
효성	8	24	중공업, 기계, 자동차부품, 석유화학
국제	7	22	철강, 기계
선경	8	23	화학, 기계
삼화	10	30	전자, 기계
쌍용	17	30	시멘트, 중공업, 조선, 발전설비
금호	15	22	철강, 석유화학
코오롱	6	22	발전설비, 석유화학

중화학공업화가 시작되자 대기업은 업종을 넓혀가며 계열사를 늘리기 시작했다. 중화학공업화가 강력히 추진되던 1974년부터 1978년까지 계열사의 규모가 3배 이상 늘어난 그룹들도 많았다. 한국경제에 재벌이 본격적으로 등장하게 된 것도 바로 이때다.
*자료 출처: KDI

거느리는 기업도 등장했다. 중화학공업화가 강력히 추진되던 1974년부터 1978년까지 계열사의 규모가 3배 이상 늘어난 기업들도 많았다. 한국경제에 재벌이 본격적으로 등장하게 된 것도 바로 이때다.

한국주식회사의 작동 원리를 설명하는
주인-대리인 이론

경제학에서 주식회사의 작동 원리를 설명하는 데 자주 사용되는 이론

중 하나가 주인-대리인 이론이다. 주식회사의 주인은 주주지만, 주주가 모두 경영 능력을 갖출 수는 없다. 필요도 없고 할 수도 없다. 이때 회사의 가치를 높일 수 있는 경영진을 뽑아 경영을 맡기게 된다. 하지만 경영진이 주주의 이익을 위해서만 일한다는 보장은 없다. 주주의 바람대로 회사 가치를 높이는 일을 할 수도 있지만, 경영진 자신의 이익을 위해 일할 수도 있다.

문제는 주주가 경영진의 활동 하나하나를 모두 감시하는 게 사실상 불가능하다는 점이다. 결국 주주는 경영 성과로 경영진을 평가할 수밖에 없는데 여기에도 한계가 있다. 경영 성과가 좋게 나왔다고 꼭 경영진이 잘했다고 단정하기 어렵기 때문이다. 예컨대, 경영진이 태만했더라도 전체적으로 경기가 좋았다면 기업의 경영 성과가 좋게 나올 수 있다. 이럴 때 주주가 어떻게 경영진이 최선을 다하도록 할 것인가를 분석하는 게 바로 주인-대리인 이론이다.

예를 들어보자. 출판사가 작가에게 집필을 의뢰했다고 하자. 출판사는 주인, 작가는 대리인이라고 할 수 있다. 출판사는 그림 1처럼 작가와 인세(책값의 10퍼센트) 계약을 할 수도 있고 고정액(1,100만 원)을 선불할 수도 있다. 출판사와 계약한 뒤 작가는 집필에 들어간다. 작가는 최선의 노력을 다할 수도 있고 그렇지 않을 수도 있다. 작가가 최선의 노력을 다하는 데는 500만 원의 비용이 들어가고 적당히 할 경우엔 200만 원이 든다고 가정한다. 출판사는 권당 1만 원의 책값 중 30퍼센트가 이윤이며 이 중 일부를 작가에게 인세로 제공한다.

그림 1

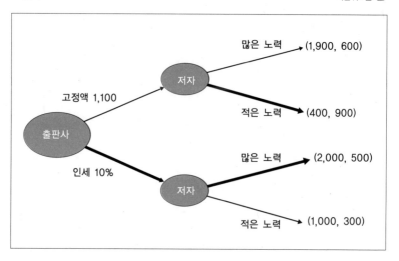

우선 정보가 서로에게 완전히 공개되는 완전정보 상황부터 따져보자. 작가가 최선의 노력을 다하면 책이 1만 권 팔리고, 반대로 작가가 최선을 다하지 않으면 5,000권밖에 팔리지 않는다고 가정하자. 출판사는 일정율의 인세 계약이나 고정액, 작가는 최선의 노력 또는 적은 노력 중 하나를 선택하게 된다. 그림 1처럼 네 가지 경우가 있을 수 있다. 먼저 고정액 계약을 하고 작가가 많은 노력을 하는 경우 출판사는 1,900만 원(1만 원×1만 권×30퍼센트−1,100만 원), 작가는 600만 원(1,100만 원−500만 원)이 예상 이득이다. 두 번째는 고정액 계약을 하되 작가가 노력을 적게 하는 경우다. 출판사의 예상 이윤은 400만 원(1만 원×5,000권 ×30퍼센트−1,100만 원), 작가의 예상 이윤은 900만 원(1,100만 원−200만 원)이 된다.

세 번째는 10퍼센트의 인세 계약과 작가가 많은 노력하는 경우엔 출판사, 작가의 예상 이윤은 각각 2,000만 원(1만 원×1만 권×20퍼센트), 500만 원(1만 원×1만 권×10퍼센트-500만 원)이다. 네 번째는 인세 계약을 했는데 작가가 노력을 적게 하면 출판사와 작가의 예상 이윤은 각각 1,000만 원(1만 원×5,000권×20퍼센트), 300만 원(1만 원×5,000권×10퍼센트-200만 원)이 된다.

출판사든 작가든 자신에게 더 이득이 되는 방향으로 움직이게 된다. 이런 완전정보시장에서라면 출판사의 선택은 분명해진다. 출판사는 작가가 고정액 계약을 맺으면 적은 노력을, 10퍼센트의 인세 계약을 하면 많은 노력을 선택할 것임을 이미 알고 있다. 따라서 출판사는 최대한 이득이 되는 방향으로 움직인다. 10퍼센트 인세 계약이 바로 그것이다. 이처럼 완전정보 상황에서 주인은 언제든 대리인의 행동을 예상할 수 있다.

그런데 주인-대리인의 정보가 완전히 파악되지 않는 불완전정보 상황이라면 어떨까. 계산이 크게 달라질 수밖에 없다. 불완전정보 상황에서의 가정은 이렇다. 첫째, 작가가 최선의 노력을 다해도 반드시 출판이 성공한다는 보장이 없다. 둘째, 출판사는 작가가 최선의 노력을 다할 경우 출판 성공 확률이 80퍼센트라는 점을 그간의 경험을 통해 알고 있다(물론 작가가 적은 노력을 해도 시장 상황이 좋아 출판이 성공할 수 있는 경우도 있겠지만, 여기서는 설명의 편의를 위해 생략하기로 한다).

이런 가정으로 앞의 네 가지 경우를 다시 계산해보자. 첫 번째, 고정액+많은 노력의 경우 출판사의 예상 이익은 1,600만 원((1만 원×1만 권×80퍼센트)+(1만 원×5,000권×20퍼센트))×30퍼센트-1,100만 원)이다. 작가가 많은 노력을 해도 1만 권의 책이 팔릴 확률은 80퍼센트며, 나머지 20 퍼센트는 5,000권만 팔리기 때문이다. 반면, 작가의 예상 이익은 600 만 원으로 그림 1의 경우와 같다. 두 번째, 고정액+적은 노력의 경우는 앞서 그림 1과 같이 출판사와 작가가 각각 400만 원, 900만 원의 이윤을 얻는다.

세 번째, 10퍼센트 인세+많은 노력 때 출판사의 예상 이윤은 1,800 만 원((1만 원×1만 권×80퍼센트)+(1만 원×5,000권×20퍼센트))×20퍼센트)이 된다. 작가의 예상 이윤에 대해서는 다소 설명이 필요하다. 완전정보 상황과는 달리 작가의 예상 이윤은 출판 성공 여부에 따라 달라진다.

만약 작가가 위험을 크게 생각하지 않는다면 작가의 예상 인세 수입은 900만 원((1만 원×1만 권×80퍼센트)+(1만 원×5,000권×20퍼센트))×10퍼센트)이 된다. 작가가 손에 쥘 수 있는 예상 이윤은 여기서 노력비용을 차감하면 된다. 그런데 만약 작가가 위험을 기피하는 성향이라면 얘기가 달라진다. 작가는 출판이 성공했을 때 얻을 기대 수익보다 실패했을 때 잃을 예상 이윤을 더 크게 생각한다. 이런 위험환산치를 r이 r라고 가정해보자. 이때 작가의 예상 이윤은 900만 원보다 낮아질 개연성이 높다. 예상 이윤은 400만 원-r(900만 원-r-500만 원)이 된다. 네 번째, 10퍼센트 인세+적은 노력의 경우 그림 1의 네 번째 상황과 마찬가지로 출판사와 작가가 각각 1,000만 원, 300만 원의 예상 이윤

그림 2　(단위: 만 원)

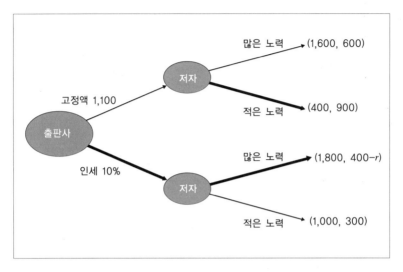

을 얻는다.

　이런 불완전정보 상황에선 출판사도 어떤 것이 최선의 선택인지 확신하기 어렵다. 고정액 계약이라면 작가가 노력을 적게 하고 출판사는 400만 원의 이윤밖에 얻을 수 없다. 10퍼센트의 인세 계약 때는 작가의 위험 기피 성향에 따라 출판사의 이득도 달라진다. 만약 작가의 위험환산치(r)가 100만 원보다 작을 정도로 위험 기피 성향이 심하지 않다면 작가는 많은 노력을 선택하겠지만, 100만 원보다 클 정도로 위험 기피 성향이 심하면 작가는 적은 노력을 선택할 것이다.

　그런데 위험 기피 성향이 심한 작가와 10퍼센트 인세 계약을 체결한다면 출판사는 1,000만 원의 수익을 올리는 데 그칠 것이다. 따라서 출판사 입장에서는 작가가 많은 노력을 기울이도록 여건을 조성해주는 것이 보다 유리한 선택이다.

즉 작가의 위험 기피 성향을 감안한 절충형 계약을 체결하는 것이다. 그림 2처럼 10퍼센트 인세 계약을 기본으로 하되 일정액은 고정급으로 지불하는 식이다.*

여기서 요체는 대리인의 위험 기피 성향이다. 만약 불완전정보 상황이라도 대리인이 위험 중립적이라면 주인은 어떤 상황에서도 대리인을 자신의 이익에 부합하도록 행동하게 만들 수 있다. 주인은 대리인의 최종 판단이 자신의 이익을 최대한 높이는 방향으로 이뤄질 수 있도록 인센티브 계약을 설계해낼 수 있기 때문이다.

현실 세계에서는 대리인이 위험 기피 성향을 가지고 있는 것이 일반적일 것이다. 따라서 주주(주인)가 자신의 이익을 극대화하기 위해서는 대리인이 위험을 중립적으로 보고 안심할 수 있도록 해줘야 한다. 이 사례가 보여주듯이, 10퍼센트의 인세 계약을 하더라도 일정액의 고정 인세를 제공함으로써 작가의 위험을 분담해주는 안전장치를 마련해주는 것이다. 출판사는 이를 통해 작가의 이익을 보장해주지만 결국 자신의 이익도 높일 수 있다.

대리인이 비록 위험 기피 성향을 가지고 있다 하더라도 주인이 대

---

* 예컨대 r이 150만 원이라면 50만 원만큼을 고정급으로 지불한 뒤 10퍼센트 인세를 주는 방식으로 계약을 체결한다.

리인의 행동을 일일이 파악할 수 있다면 문제는 더 쉬워질 것이다. 게임 용어로 말하자면 불완전정보 상황이 완전정보 상황으로 돌아가는 셈이 되기 때문이다. 사실 이런 완전정보 상황은 현실적으로 존재하기 어렵다. 그러나 불완전정보를 조금이라도 줄여주는 것은 주인이 안고 있는 주인-대리인 딜레마 해결에 도움을 줄 수 있을 것이다.

주인-대리인 문제를 한국주식회사에 대입해보자. 한국주식회사에서 주인은 중화학사업화를 결정하고 추진한 정부고 대리인은 중화학사업을 수행한 대기업이다. 정부는 중화학공업을 통해 국가경제 발전을 이루고 싶어 하지만 정부가 직접 수행할 수는 없다. 대기업은 사업을 제대로 수행하는 것이 기업 이익에 도움이 되겠지만, 그것 말고도 이윤을 취할 방법은 많다. 투자금 중 일부를 주인인 정부 모르게 뒤로 빼돌릴 수도 있다. 제대로 투자하지 않더라도 시장 상황만 좋으면 기업은 좋은 성과를 낼 수도 있다. 이를 주인-대리인 문제로 비유하면 정부가 불완전정보 상황에서 주인-대리인 딜레마를 겪고 있는 것이라 할 수 있을 것이다.

이런 상황에서 한국주식회사가 좋은 성과를 내려면 어떻게 해야 할까. 앞서 출판사-작가의 예가 힌트가 될 수 있다. 출판사가 작가에게 하듯 정부가 대리인인 대기업의 위험을 어느 정도 분담해주는 것이다. 방법은 여러 가지가 있을 수 있다. 선진국의 다국적기업이 못 들어오도록 국내시장을 보호하는 전통적인 방법도 대기업에 일정한 보험 기능을 수행해줄 수 있다. 더 적극적인 방법도 있다. 아예 주인과 대리인이 같은 배를 타는 것이다. 주인의 이해와 대리인의 이해를 일치시킬수록 주인-대리인 딜레마는 줄일 수 있다.

대리인인 기업의 일거수일투족을 들여다 볼 수 있게 하는 것도 방법이다. 대리인인 기업의 활동을 속속들이 파악할 수 있다는 것은 불완전정보 상황이 완전정보로 바뀐다는 사실을 의미한다. 이를 위해서는 기업 활동에 대한 모니터링이 효과적으로 이뤄져야 한다.

같은 배 태우기 전략과 효과적 모니터링이 같이 이뤄진다면 정부는 주인-대리인 딜레마를 훨씬 더 쉽게 해결할 수 있다. 개발연대 기간 중 이런 환경이 조성됐더라면 한국주식회사의 성공은 어쩌면 당연한 결과였을 것이다. 반면, 이런 환경이 1980년대 후반 이후 급속히 사라지게 됐다면, 그것으로 한국주식회사호의 몰락을 어느 정도 설명할 수 있을 것이다. 과연 그런가.

같은 배 태우기 전략: 수출 주도 공업화 전략

수출 지상주의는 정권 말기를 제외하고는 (박정희) 집권 내내 경제 정책의
핵심이요, 중추 역할을 했다. 장관도 그런 추진력을 감안해서 앉혔다.
— 《대통령의 경제학》[3]

수출지상주의. 박정희정부 18년 경제 정책을 한마디로 표현하면 이

렇게 규정할 수 있을 것이다. 박정희 대통령은 1965년 이래 한 달에 한 번 월례수출진흥확대회의를 직접 주재했다. 1979년 흉탄에 의해 권좌에서 물러날 때까지 거의 빠진 적이 없다. 그만큼 수출에 강한 집착을 보였다. 회의에는 장관뿐 아니라 기업인과 금융기관 인사도 대거 참석시켰다. 수출 부진에 대해서는 누구를 가리지 않고 강하게 질책했다. 문제가 발견되면 즉석에서 해결 방안이 나와야 했다. 은행을 기업 지원의 병참기지로 삼았다. "한국의 은행들은 수출 지원을 위해 존재한다고 해도 과언이 아니었다"(이장규)는 표현이 어색하지 않을 정도였다. 은행을 통한 강력한 금융 지원은 물론 세제 지원도 이뤄졌다.

수출지상주의는 박정희 정부가 1970년대 초반부터 본격적으로 추진한 공업화 전략에도 예외가 없었다.

경공업 제품만으로는 더 이상 수출을 늘리는 데 한계가 있다고 판단하고 1973년 들어 중화학공업화 선언을 했습니다. 그러면서 산업별 육성법을 제정했습니다. '기계공업진흥법', '전자공업진흥법', '석유화학공업육성법', '조선공업육성법', '비철금속제련사업법', '철강공업육성법', '섬유산업근대화촉진법' 등입니다.

— 《코리안 미러클 1》, 홍성좌 전 산업부 차관 증언[4]

공업화를 뒷받침한다며 개별육성법을 만들고 지원했지만 어디까지나 큰 목표는 '수출 장려와 촉진'에 있었다. 1970년대 들어 지원 강도가 조

표 1-4 **수출금융과 일반금융의 금리 수준 변화 추이**　　　　　　(단위: %)

	1961-65	1966-72	1973-81	1982-86	1987-91
수출금리(A)	9.3	6.1	9.7	10	10.0-11.0
일반금리(B)	18.2	23.2	17.3	10.0-11.5	10.0-11.5
금리 차이(B-A)	8.9	17.1	7.6	0-1.5	0.05

개발연대 초기 은행 문턱이 높았던 시절에도 수출에 대해서는 상대적으로 낮은 금리 혜택이 제공됐다. 1980년대 초까지 수출금리는 일반금리에 비해 절반 정도로 낮았다. 수출금리와 일반금리의 차이는 1980년대 금융자율화가 추진되면서 줄어들기 시작했다.
*자료 출처: KDI

표 1-5 **업종별 금융 지원 비중 변화**　　　　　　(단위: %)

		농업	제조업		서비스업	합계
			중화학	경공업		
1959-66	국책은행	7.5	11.7	8.3	72.5	100
	상업은행	22.3	43.4	31.4	2.9	100
1967-71	국책은행	42.2	6.8	1.6	49.4	100
	상업은행	3.6	31.6	23.9	40.8	100
1972-76	국책은행	18.2	6.1	0	75.8	100
	상업은행	2.2	42.4	23.7	31.7	100
1977-82	국책은행	17.0	1.5	0.3	81.2	100
	상업은행	0.6	46	10.6	42.8	100

중화학공업에는 자금도 풍부하게 지원됐다. 은행자금이 집중·우선 배정됐다. 산업은행에서 지원하는 정책금융은 물론 시중 은행자금도 중화학공업 우선이었다. 경공업보다 2배 넘는 자금이 지원됐다. 이런 중화학공업 집중 지원은 1973년 중화학공업화 선언 이후 더욱 두드러졌다.
*자료 출처: KDI

금 낮아지긴 했지만, 수출금융에는 여전히 일반금융의 절반 수준 금리를 적용했다.

기업 입장에선 싼 금리도 좋지만 돈을 언제라도 쉽게 빌리는 것이 더 큰 혜택이다. 당시 은행 문턱은 턱없이 높았지만 공업화를 추진하

표 1-6 업종별 해외채무 비중 변화 (단위: %)

해외채무/총채무	1973–81	1982–86	1987–90
중공업(A)	36.7	17.3	9.0
경공업(B)	13.6	7.5	3.7
차이(A–B)	23.1	9.8	2.4
대기업(C)	27.4	14.7	9.0
중소기업(D)	6.6	5.0	2.0
차이(C–D)	20.8	9.7	7.0

중화학공업 추진 기업들은 차관 도입도 쉬웠다. 1960년대 후반 외채파동의 후유증으로 상업차관 도입이 쉽지 않았지만, 중화학공업 기업들은 경공업 기업에 비해 2배 넘는 해외자금을 사용할 수 있었다.
*자료 출처: KDI

는 기업은 예외였다. 은행자금이 집중·우선 배정됐다. 산업은행에서 지원하는 정책금융은 물론 시중 은행자금도 중화학공업 우선이었다. 경공업보다 2배 넘는 자금이 지원됐다. 이런 중화학공업 집중 지원은 1973년 중화학공업화 선언 이후 더욱 두드러졌다.

국내자금뿐 아니었다. 해외자금도 동원됐다. 1960년대 후반은 외채파동의 후유증으로 상업차관 도입이 쉽지 않았을 때다. 하지만 중화학공업을 위한 차관 도입은 예외였다. 중화학공업 기업들은 경공업 기업에 비해 2배 넘는 해외자금을 사용할 수 있었다. 차관 도입도 비교적 수월했다.

이런 수출 우대가 정부 입장에선 '같은 배 태우기 전략'이라고 할 수 있다. 한국주식회사호의 주인인 정부가 대리인인 대기업을 부추겨 중화학공업화를 이루려면 이런 전략이 불가피했다. 수출 주도의 공업화 전략은 수출을 전제로 하는 만큼 투자와 비용이 더 많이 들게 된다. 기업 입장에선 단순한 수입대체 전략보다 위험부담이 커질 수밖에 없다. 이런 위험을 어느 정도 줄여줘야만 기업을 정부 뜻대로 움직일 수 있다. 당시 정부는 공업화전략을 추진하면서 동시에 수출 진흥이라는 정부-대기업 간 공동의 목표를 설정하고, 기업이 이 목표를 달성하는 게 스스로의 이익에도 도움이 되는 환경을 만든 것이다. 수출 우대에 대한 인센티브가 크면 클수록 기업들은 정부와 한 몸처럼 움직이게 된다.

인센티브가 수출이라는 창을 만드는 동기를 기업에 부여했다면 각종 개별육성법은 국내시장 보호를 통해 기업의 위험을 막아주는 방패 역할을 했다. 개별육성법을 통해 정부는 특정 산업에 대한 인허가를 좌지우지했다. 명분은 유치산업 진흥·육성이었다. 인허가를 받은 기업은 정부가 쳐준 든든한 방패 뒤에서 잠재적 경쟁자의 위협을 피할 수 있었다. 정부의 보호막은 비단 국내의 잠재적 경쟁자뿐 아니라 외국 거대 기업들의 창도 함께 막아주었다. 정부는 국산 제품이 수입품을 대체할 수 있게 수입을 제한하기도 했다. 기업 입장에선 국내시장에 대한 독점권을 부여받은 셈이다. 인센티브와 보호막을 통해 기업들은 중화학공업화 추진의 위험을 크게 줄일 수 있었다.

효과적인 모니터링

수출진흥정책이 상대적으로 집행하기 쉬웠다는 점도 수출주도 공업

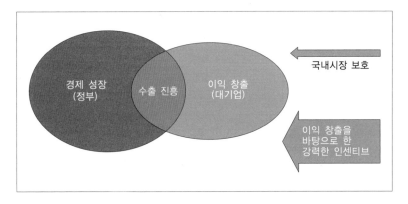

수출진흥정책을 통한 '같은 배 태우기 전략' 개념도

경제 성장
(정부)

수출 진흥

이익 창출
(대기업)

국내시장 보호

이익 창출을
바탕으로 한
강력한 인센티브

화전략의 성공 가능성을 높이는 데 크게 기여했다. 수출 실적은 증빙
이 간단해서 다른 평가 척도에 비해 상대적으로 쉽게 점검할 수 있었
다. 목표가 단순하기 때문에 정책 집행 현장까지 왜곡 없이 투명하게
정책이 집행됐다. 예컨대, 수출금융의 경우 수출 신용장만 있으면 은
행창구에서 바로 자금 지원이 이뤄지곤 했다.

기업 활동에 대한 모니터링도 효과적으로 작동했다. 당시 정부의
중화학공업 전략을 이행하는 대리인, 즉 기업의 수가 그리 많지 않
았기 때문이다. 중화학공업을 추진하는 기업들은 비교적 소수 기업
에 소속된 계열사들이었다. 중화학공업이 본격화하면서 계열사의
숫자는 크게 늘어났지만, 이 계열사들을 소유한 그룹의 숫자는 크게
변하지 않았다. 도리어 중화학공업화에 참여하지 않은 1960년대 경
공업 중심 그룹들이 재벌 순위에서 밀려났다. 중화학공업화 전략은
재벌의 등장을 용인한 측면이 있지만, 그 숫자는 제한적이었다. 재

표 1-7 시대별 10대 그룹 변화

1960년대	1976	1979	1987	1994
1. 삼성	1. 삼성	1. 현대	1. 현대	1. 삼성
2. 삼호	2. 금성	2. 금성	2. 삼성	2. 현대
3. 개풍	3. 한진	3. 삼성	3. 금성	3. 금성
4. 대한	4. 신진	4. 대우	4. 대우	4. 대우
5. 금성	5. 쌍용	5. 효성	5. 선경	5. 선경
6. 동양시멘트	6. 현대	6. 국제	6. 쌍용	6. 쌍용
7. 극동	7. 대한	7. 한진	7. 한화	7. 한진
8. 한국유리	8. 한화	8. 쌍용	8. 한진	8. 기아
9. 동림산업	9. 극동	9. 한화	9. 효성	9. 한화
10. 대창섬유	10. 대농	10. 선경	10. 롯데	10. 롯데

1960년대에서 1970년대로 넘어오면서 대기업 그룹 순위에 변화가 있었지만, 중화학공업이 본격화되면서 대기업 그룹 순위에는 거의 변동이 없어진다.
*자료 출처: KDI

벌 수가 적었다는 것은 정부 입장에선 그만큼 모니터링이 쉬웠다는 얘기다. 한국주식회사호는 철저한 모니터링을 통해 완전정보 상황에 근접한 환경을 만들어냄으로써 주인-대리인 딜레마를 극복할 수 있었다.

한국주식회사 성공 요인의 퇴조

개발연대 한국주식회사의 성공 요인에 대해서는 수많은 학자들이 다양한 분석을 내놓았다. 그중 하나가 준내부화Quasi-Internal Organization 이

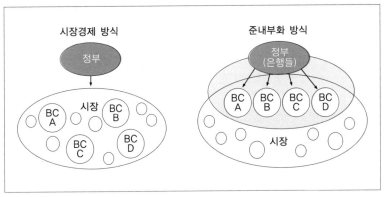

*자료 출처: Nam, Sang-Woo[5]

론이다.

　준내부화 이론의 요체는 개발도상국의 경우 초기 투자에 따르는 위험을 시장이 스스로 알아서 감내할 만큼 성숙하지 못하기 때문에 정부가 마치 관련 기업의 내부에 들어와 있는 것처럼 적극적으로 개입할 필요가 있다는 것이다. 흥미로운 것은 준내부화 전략이 효과적으로 작동될 수 있는 네 가지 조건, 즉 ① 효과적인 effective 모니터링 ② 강력한 strong 유인정책 ③ 현명한 sensible 성과 척도 ④ 소수의 a number of 참여자라는 조건이 한국주식회사의 성공 요인과 일치한다는 점이다.

　그러나 이런 성공 요인은 1980년대 후반 이후 급속히 퇴조한다. 우선 비교적 소수였던 재벌 수가 늘어났다. 한국경제의 양적 성장과 더불어 사업구조가 다각화했으며, 다양한 업종만큼 재벌 수도 많아진 것이다. 그러다 보니 정부의 통제나 모니터링도 어려워졌다. 설령 모니터링이 이뤄지더라도 정부의 중재가 쉽게 통하지 않을 정도로 재벌 간 경쟁도 치열해졌다.

성과 척도로서 수출 실적의 효율성도 급속히 떨어지기 시작했다.

(수출지상주의는) 폐단도 많았다. 수출금융의 싼 금리를 악용해서 실제 수출은 뒷전이고, 그 돈을 빼돌려서 돈놀이하거나 부동산 투자를 일삼는 기업들도 적지 않았다. 수출은 한국경제의 먹고사는 문제를 해결해주는 돌파구였던 동시에, 다른 한편으로는 인플레이션과 집값 폭등 등 심각한 부작용들의 생산공장이기도 했다.

－《대통령의 경제학》[6]

수출지상주의의 폐단이 드러나면서 수출지상주의 정책 기조도 흔들렸다. 1980년대 초 제5공화국은 '자율과 개방'을 기치로 내걸었다. "기업들이 온실 속에서만 살아서는 영원히 경쟁력을 획득할 수 없다. 국내시장을 더 이상 보호해서는 안 된다"는 주장이 힘을 얻었다. 수출 촉진을 위해 이뤄졌던 각종 우대정책들이 사라졌다. 수입 개방도 강력히 추진됐다. 당시 한국경제의 문제를 해결하는 올바른 정책 방향이었지만, 한국주식회사호의 관점에서 보면 주식회사를 지탱하던 강력한 중심축이 사라져버린 셈이다. 이런 상황에선 기업이 굳이 정부와 같은 배를 타고 있을 이유가 없다.

수출지상주의의 몰락으로 시작된 한국주식회사의 균열에 가속을

표 1-8 30대 대기업 집단의 상호지급보증 규모 　　　　　　　　　　(단위: 조 원)

연도	자본금(A)	채무지급보증			비율	
		제한(B)	비제한(C)	합계(B+C)	B/A	(B+C)/A
1993	3.52	12.06	4.49	16.55	343%	470%
1994	4.28	7.25	3.82	11.07	169%	259%
1995	5.07	4.83	3.38	8.21	95%	162%
1996	6.29	3.52	3.23	6.75	56%	107%
1997	7.04	3.36	3.13	6.49	48%	92%

계열사가 돈을 빌릴 때 서로 보증을 서주는 채무지급보증은 재벌이 몸집을 불리는 수단으로 악용되기도 했다. 이에 따라 1993년에는 계열사 간 채무보증을 일정 한도로 제한하는 채무보증제한제도가 도입된다. 그러나 제한을 받는 보증은 국내 계열사 간에만 한정됐으며, 국내 계열사와 해외 계열사 간, 그리고 국내 계열사라도 인적보증에는 한도 제한이 없었다. 제도를 우회하는 보증이 지속됨에 따라 제도 도입 이후에도 상호지급보증은 크게 줄어들지 않았다. 상호지급보증은 IMF사태가 시작된 1998년 전격적으로 폐지된다.
* 자료 출처: 공정거래위원회

붙인 것은 재벌의 몸집 불리기였다. 자율과 개방이란 이름으로 정부의 보호막이 사라지자 재벌들은 국내시장에서 독과점적 지위를 선점하거나 유지하기 위해 경쟁적으로 몸집을 불렸다. 몸집 불리기는 수입품으로부터의 경쟁뿐 아니라 날로 치열해지는 재벌 간 경쟁에서도 기업 자체를 지키는 강력한 보호막이 돼주었다. 여기에 필요한 자금 조달을 위해 계열사들이 적극 동원됐음은 물론이다.

빚으로 몸집을 불리는 것은 오너의 이윤 추구에도 도움이 됐다. 같은 이익을 내는 사업이라도 빚이 많을수록 자본이익률은 커지기 때문이다. 이해를 돕기 위해 부채 비율 100퍼센트인 기업과 400퍼센트인 기업을 생각해보자. 이자율이 5퍼센트일 경우, 자산을 굴려 얻는 이익이 이자율보다 높기만 하면 빚을 많이 얻을수록 자기자본이익률Return On Equity,

부채경영과 자본수익율 관계 사례 분석

부채 비율 100%(A)		부채 비율 400%(B)	
자산 200	부채 100	자산 200	부채 160
	자본 100		자본 40

자기자본이익률 계산 결과

자산수익률	자기자본이익률(ROE)	
(ROA)	A의 경우	B의 경우
10% 경우	15%*	30%**
2.5% 경우	0%	-7.5%

$$*ROE = \frac{200 \times 10\% - 100 \times 5\%}{100} = \frac{200-5}{100} = 15\%$$

$$**ROE = \frac{200 \times 10\% - 160 \times 5\%}{40} = \frac{20-8}{40} = 30\%$$

표 1-9 30대 대기업 집단의 소유집중도   (단위: 조 원, %)

	1995	1996	1997
지분투자(A)	1.13	1.36	1.69
자기자본(B)	5.07	6.29	7.04
비율(A/B)	22.3	21.6	24.0

* 자료 출처: 공정거래위원회

ROE도 높아진다. 빚으로 얻은 돈을 굴려 얻는 수익이 이자율 5퍼센트를 감당하고도 남기 때문이다. 물론 자산이익률이 이자율보다 낮을 경우 자본이익률이 마이너스로 떨어질 수도 있다. 그렇지만 기업 경영인 입장에서 볼 때 이는 큰 걱정거리는 아니다. 오히려 많은 빚을 대준 채권자에게 더 큰 걱정거리다. 바로 대마불사大馬不死의 상황이다.

실제로 재벌 그룹들은 이 시기에 계열사를 이용해 경쟁적으로 돈을 끌어들였다(자세한 논의는 3장 참조). 자금 조달을 위해 계열사를 동원하는 수단으로써 상호보증은 기본이요, 빚이 기업 간 꼬리에 꼬리를 무는 복잡한 상호출자도 활용됐다. 예컨대, A→B→C→D→A식으로 출자를 통해 빚과 보증을 해결한 것이다. 계열사 간 상호출자가 확대되다 보니 기업 오너는 적은 지분으로 더욱 큰 규모의 기업군을 지배할 수 있게 됐다. 그만큼 대마불사 전략이 통용될 수 있는 여지도 커졌다.

한국주식회사의 공과

개발연대 국가가 주도한 한국주식회사호는 우리 경제의 빠른 산업화에 결정적으로 기여했다. 사실 이 당시 한국주식회사가 구사한 산업정책은 유치산업보호론에 근거한다. 해당 산업이 경쟁력을 확보할 수 있게 초기 자금을 몰아주고, 세제 혜택을 주고, 더욱이 수입품과의 경쟁에서 보호될 수 있도록 국내시장을 보호해주었다. 국내사업면허 발급을 제한함으로써 사업자들이 과당경쟁 없이 이윤을 얻을 수 있게 해주었다.

그러나 유치산업을 보호해주는 산업정책이 다 성공한 것은 아니다. 특히 인도나 남미에서 추진됐던 수입대체산업전략의 경우 성공률은 낮았다. 한국주식회사가 추구한 유치산업보호와 수입대체산업전략이 추구한 유치산업보호는 왜 이런 차이를 보였을까. 한국주식회사가 추진한 유치산업보호는 단순히 수입대체를 넘어 해외수출시장을 겨냥했기 때문이다. 정부가 기업을 지원하되, 기업도 수출 진흥이라는 같은 배에 동승할 수 있게 각종 유인체제를 만들어준 것이다. 정부가 국내시장을 보호해주되, 기업에는 국내시장을 넘어 해외시장을 공략할 수 있는 통 큰 투자를 요구했다. 정부가 제공한 인센티브가 기업이 지는 모든 위험을 없애줄 정도로 과도한 것은 결코 아니었다. 세계시장에서 신규 진입자로서 기업이 지는 위험을 일부 분담해주되, 수출을 하면 기업도 이윤을 창출해낼 수 있는 환경을 궁극적으로 조성해준 것이다.

한국주식회사가 지향한 이런 산업 전략은 정부와 기업이 같은 배를 타고 있을 때 효력이 발휘된다. 반면, 기업이 정부가 바라는 방향 이외에도 이윤을 창출할 수 있는 기회가 많아질수록 이 발전모델의 효력은 떨어질 수밖에 없다. 한국주식회사호의 또 다른 성공 비결은 정부가 은행을 통해 대리인인 기업의 경영 성과를 모니터링하고 통제할 수 있었다는 점이다. 그러나 경제 규모가 커지고 다양해질수록 정부가 기업의 이윤 창출 활동을 일일이 모니터링하는 것은 물리적으로 불가능해진다. 더구나 같은 배에 탄 것으로 생각했던 대기업의 몸집이 훌쩍 커졌다. 정부도 은행도 더 이상 대기업을 통제하기 어렵게 된 것이다.

항해 중간에 한국주식회사호의 선장이 사라져버린 것도 문제였다. 선장의 부재는 단순히 한국주식회사호의 조타 기능이 없어진 것 이상의 결과를 가져왔다. 대기업들의 무지막지한 몸집 불리기가 가속화되면서 되레 금융기관들이 대기업에 포획되는 상황까지 연출됐다. 대기업이 쓰러지면 자금을 대준 금융기관도 생존을 낙관하기 어렵다.

3장에서 논의되듯이, 이를 극복하기 위한 개혁 시도는 있었다. 그러나 기득권에 대응하여 개혁을 시도하는 것은 백지에 그림을 그리는 것보다 더 어려운 일이었다. 개혁 자체가 늦어졌을 뿐만 아니라, 개혁 과정에서 기득권이 가세하면서 개혁의 내용까지 변질되기 시작했다. 이런 상황이 지속되면서 급기야 한국주식회사호는 미리 갈아탈 배를 준비하지도 못한 채, 1997년 말 IMF의 구제금융을 받는 초유의 국가 부도 사태를 맞는다.

2장

8·3사채동결, 최초의 구제금융

우리나라 최초의 구제금융 조치

1997년 IMF의 구제금융으로 요약되는 외환위기는 흔히 우리 경제사 초유의 사태로 불린다. 외부기관인 IMF가 돈을 주면서 조건을 달아 뼈를 깎는 구조조정을 요구했다는 점에서는 맞는 말이지만, 사실 구제금융이 처음은 아니었다.

한국 경제사상 최초의 구제금융 조치는 1972년 8월 3일 '대통령 긴급명령'으로 발동된 8·3사채동결조치라고 할 수 있다. "역사는 되풀이 된다"라는 말도 있지만, 당시 상황은 IMF사태 때와 많은 점에서 닮았다. IMF 구제금융에 딸려온 각종 구조조정 조치도 맥락과 내용은 비슷하다.

8·3사채동결조치의 공과를 들여다보면 아쉬움이 남는다. 이 조치를 통해 깨달은 교훈만 제대로 새겼다면 우리 경제가 IMF 처방전을

다시 받아드는 일은 없었을 것이기 때문이다. IMF 처방을 부른 것은 기업의 과다부채와 수익성 악화다. 이를 해결하기 위해 우리 경제 전반에 약효 빠른 처방이 필요했는데 그것이 신속한 채무구조조정이다. 국가 차원의 채무구조조정은 간헐적이긴 하지만 반복된다. 마치 아무리 집 청소를 잘해놔도 얼마간 시간이 흐르면 먼지가 쌓여 다시 청소기를 돌려야 하는 것과 같다. 문제는 채무구조조정에 반드시 수반되는 조건의 강도다. 책임을 묻지 않은 느슨한 조건에서 채무구조조정은 그야말로 구제금융이다. 이는 또 다른 잘못이 반복될 수 있는 여지를 열어놓는 일이 되기 때문이다. 이번 장에서는 8·3사채동결조치를 통해 진정한 구조조정의 의미를 되새겨보고자 한다.

8·3사채동결, 차관경제의 후유증 해결을 위한 고육책

IMF사태의 직접적 원인은 우리 금융기관들의 과도한 단기외채였다. 1997년 말 당시 총 외채 1,638억 달러 중 약 40퍼센트가 단기외채였는데, 이 중 약 80퍼센트를 금융기관이 가지고 있었다. 당시 금융기관은 해외에서 돈을 조달해 주로 기업에 빌려주고 있었으므로 금융기관 외채는 기업부채와 동전의 앞뒷면 같은 관계였다. 기업들의 채산성이 극도로 나빠져 돈을 갚지 못하게 되자 우리 금융기관에 돈을 빌려준 해외채권자들도 더 이상 돈을 빌려주지 않게 됐다. 그러다 급기야는 돈을 빼가기 시작하면서 우리 정부는 결국 IMF 등으로부터 구제금융을 받을 수밖에 없었다.

8·3사채동결조치도 비슷하다. 1962년 제1차 경제5개년계획으로 경제 개발의 시동을 걸었지만 시간이 흐르면서 정부는 큰 고민거리를 안게 된다. 바로 개발자금이다. 국내자본이 절대적으로 부족했던 것이다. 결국 정부는 외국으로부터 자금을 빌려오는 차관 도입에 전력을 다한다. 그러나 초기 성과는 매우 부진했다. 민간이 빌려오는 차관에 대해서도 정부가 직접 보증해주는 법('차관에 대한 지급보증에 관한 법률', 1962년 7월 제정)까지 제정하고, 부정축재자로 몰아 감옥에 보냈던 기업인들까지 풀어주면서 차관 도입을 독려했지만 별 소득이 없었다. 개발 초기 아무것도 가진 것 없는 한국경제를 믿고 돈을 빌려줄 외국투자자는 거의 없었다.

더욱이 원조자금을 대주던 미국마저 군사 쿠데타로 집권한 박정희 정부를 곱게 보지 않던 상황이었다. 유일한 자금줄은 우리처럼 분단 상황을 겪고 있던 서독이었다. 서독은 한국정부와 1961년 12월 13일 경제협력 및 기술협력에 관한 의정서를 체결하고 7,500만 마르크(약 218억) 상당의 현금성 재정차관을 제공한다. 정부가 들여온 최초의 차관이었다. 1964년 박정희 대통령의 서독 방문을 계기로 차관 규모는 총 2억 382만 8,000마르크(약 5,095억 원)까지 늘어났지만 개발 수요를 감당하기엔 턱없이 부족했다.

표 2-1 연도별 차관 도입 규모와 구성 비율

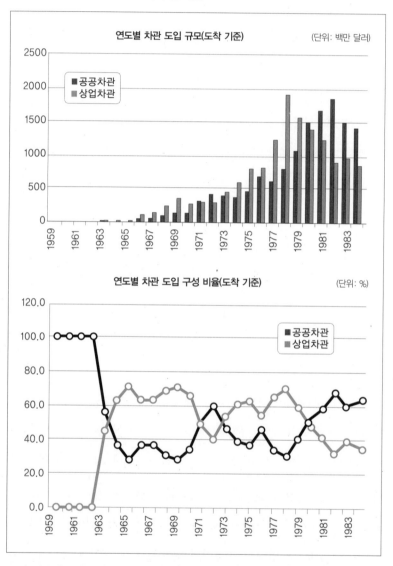

1965년 일본과의 국교정상화로 외자 도입에 물꼬가 트였다. 처음엔 일본계 상업차관이 주였지만 이후 세계은행 자금 등 공공차관도 도입되기 시작했다. 외자 도입의 봇물이 터지면서 1967년에는 외자 도입을 제한하는 조치가 이어졌지만, 1960년대 후반에는 외채망국론이 나올 정도로 외자는 봇물처럼 도입됐다.
*자료 출처: KDI

표 2-2 제조업 부채 비율 추이 (단위: %)

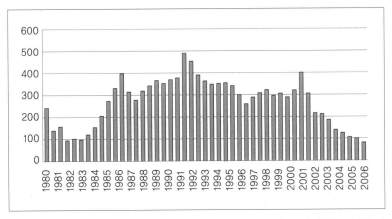

우리 경제의 첫 번째 부채 위기는 1970년대 초에 찾아왔다. 당시 제조업의 평균 부채 비율은 400퍼센트에 근접했다. 세 번째 부채 위기였던 1997년 IMF사태 때의 부채 비율 수준이었다.

*자료 출처: KDI

외자가 본격적으로 들어온 것은 1965년 6월 일본과의 국교정상화 이후부터다. 일본계 자금이 먼저 물꼬를 트더니 미국 자금도 들어오기 시작했다. 봇물처럼 터진 차관 도입이 넘쳐나면서 1960년대 후반엔 '외채망국론'이 나올 정도였다. 이렇게 들여온 차관 대부분은 정부가 보증했다. 1967년 11월까지 인가된 상업차관의 76퍼센트가 정부 보증이었다. 당시 국내 실질금리는 연 몇십 퍼센트 수준이었다. 차관 도입은 그 자체가 특혜였는데, 정부가 보증까지 해주니 기업들은 앞다퉈 외국돈 빌리기에 나섰다.

급기야 정부가 과도한 차관 도입을 규제하기 시작했다. 1967년 '외자 도입 합리화를 위한 종합시책'을 통해 은행으로 지급보증의 주체를 정부에서 은행으로 돌렸고 외자 도입 규모를 제한했다. 1968년에는 현금차관을 아예 원칙적으로 중단했다. 그럼에도 기업들의 차관 도입은 중단되지 않았다.

먼저 (차관을) 들여와 공장을 지으면서 나중에 신고하는 '배 째라' 식의 차관 도입과 수출을 위장한 소비재 수입용 차관 등 정부의 조치를 우회하는 일들이 비일비재였다.

－《코리안 미러클 1》[1]

차관에 지나치게 기대다 보니 제조업의 재무 건전성은 갈수록 나빠졌다. 1964년 100퍼센트였던 기업의 부채 비율은 8·3사채동결조치가 발표되기 직전인 1971년엔 400퍼센트까지 치솟았다. 1997년 IMF 사태 때와 같은 수준이었다. 물론 빚의 성질은 조금 달랐다. 차관자금은 주로 공장 설비 신·증설에 쓰였다. 공장 가동자금은 국내에서 조달했는데 은행 문턱이 높았던 상황이라 사채를 쓰는 기업이 많았다. 8·3사채동결조치 시행 3년 뒤인 1975년에도 제조업 부채의 23퍼센트가 사채였다는 점을 감안하면 8·3사채동결조치 이전 기업의 사채 비율은 매우 높았을 것으로 추정된다.

8·3사채동결조치는 차관경제의 환부를 드러냈다. 기업의 부도가 은행 부실로 이어졌다. 1975년 기업이 빌린 상업차관의 88퍼센트는 은행이 보증해주고 있었다. 차관 기업이 부도나면 은행이 대신 빚을 갚아야 하는 상황이 벌어진 것이었다. IMF사태 때와 크게 다르지 않았다.

1970년대 초·중반이 되자 3-5년 전에 도입했던 상업차관의 원리금 상환 기간이 돌아오면서 기업들의 부담이 커졌다. 특히 정부지급보증을 은행지급보증으로 전환하면서 별다른 경제성 검토 없이 들여왔던 부실 상업차관 기업들이 무더기로 도산하기 시작했다. 은행들은 도산한 차관 기업을 대신해 돈을 물어주어야 했고, 이는 결국 정부 부담으로 이어졌다.

－《코리안 미러클 1》[2]

8·3사채동결조치는 국가적 채무구조조정

1997년 12월 3일. 당시 IMF의 미셸 캉드쉬 Michel Camdessus 총재는 한국에 대한 첫 번째 구제금융 패키지를 전격 발표했다. 2주 전 한국을 극비리에 방문한 직후였다. 비상조치의 숙명이랄까. 8·3사채동결조치도 전격 발표되기는 마찬가지였다. IMF사태 때와는 달리 사전작업을 위한 비밀 유지 기간이 길었다. 내용도 약간 달랐다. IMF사태 때의 패키지가 경제 구조조정에 방점을 찍었다면 8·3사채동결조치는 기업의 부채를 줄이는 데 초점을 맞췄다. 다음은 8·3사채동결조치의 주요 내용이다.

● **첫째,** 1972년 현재 기업에 빌려준 사채를 국세청에 신고할 것. 기업은 신고

된 부채에 한해 3년의 동결기간을 거쳐 월 1.35퍼센트(연 16.2퍼센트)의 이율로 5년에 걸쳐 상환할 것.

- **둘째,** 은행은 2,000억 원을 한국은행으로부터 빌려, 은행이 기업에 빌려준 단기성 대출금의 30퍼센트를 장기저리로 바꿔줄 것.
- **셋째,** 한국산업은행은 산업합리화기금을 마련해 기업에 장기저리자금을 공급할 것.
- **넷째,** 정부는 중요 산업의 고정설비투자에 대한 감가상각 할증률을 높이고, 법인세 소득세의 투자공제율을 높여줄 것.

개인의 재산권 보호 측면에서는 가히 '경제 쿠데타'라고 할 수 있는 급진적 조치였지만 사실 내용을 뜯어보면 정부 주도의 기업 채무조정이었다. 이 조치를 통해 기업 부채는 급속히 줄어들었다. 채무 동결과 채무 기간 연장에 따른 채무 경감 효과도 컸지만 부담해야 할 이자도 현격히 줄었다.

당시 한국은행 조사에 따르면 기업들의 평균 사채금리는 월 3.64퍼센트였다. 8·3사채동결조치에 따른 이자 경감액만 3분의 2 수준에 달했다. 여기에 은행들의 이른바 '바꿔드림론'까지 더해지면 8·3사채동결조치는 그야말로 '기업을 위한 조치'라고 해도 지나친 표현은 아닐 듯하다.

1주일간의 신고 기간에 신고된 채권액은 총 3,571억 원. 당시 통화량의 80퍼센트, 국내 여신잔액의 34퍼센트나 됐다. 이 가운데 300만 원 이상(연 평균 7퍼센트 이율이라면 2012년 기준 6억 원 수준) 거액은 건수로는 10퍼센트에 그쳤지만 금액으론 70퍼센트에 달했다. 기업주가 기업에 사채를 빌려주는 위장 사채도 많았는데 총신고 사채의 3분의 1에 달하는 1,137억 원에 이르렀다.

> 박 대통령은 대기업들의 자기사채에 대해 불같이 화를 냈으나 긴급 명령에는 이 같은 위장사채에 대해 '90일 이내에 출자전환' 하도록 강제했을 뿐 따로 처벌 규정을 두지 않아 처벌할 방법이 없었다. 결국 1억 원 이상의 위장 사채를 가진 대기업 등 10여 개 업체에 대해 일체의 정책 지원을 중단하는 조치를 내리는 것이 고작이었다.
>
> – 《코리안 미러클 1》[3]

부실기업 정리와 여신관리협정, IMF사태 때와 판박이 기업구조조정

IMF사태 때의 구제금융 패키지는 구체적 방법까지 제시한 것은 아니지만 한국정부에 대해 강력한 기업구조조정을 요구했다. 한국정부가 고안해낸 기업구조조정 방식은 크게 세 가지였다. 첫째는 부채 비율 200퍼센트를 준수하도록 한 재무구조개선약정. 그룹별로 2년 안에 부채 비율을 200퍼센트 밑으로 낮출 방안을 내놓고 이를 주 채권은행과

약정하도록 했다. 둘째는 워크아웃. 채권금융기관이 기업의 채무구조 조정을 해주면서 사업구조조정을 주도적으로 끌고 가는 방식이었다. 마지막 세 번째가 정부 주도의 기업 인수합병인 빅딜이다.

8·3사채동결조치는 어땠나. 8·3사채동결조치 자체에 이런 구조조정 프로그램을 명시적으로 담은 것은 아니지만 8·3사채동결조치 전후로 유사한 기업구조조정이 이뤄졌다. 먼저 8·3사채동결조치 전에 이뤄진 부실차관기업 정리가 그중 하나다.

사실 부실차관 문제는 오래전부터 이미 심각했다. 1969년 2월 27일 박 대통령은 황종률 재무부 장관과 김영휘 산업은행 총재로부터 업무보고를 받고 그 자리에서 부실기업의 과감한 정리를 지시했다. 그러나 재무부나 은행 차원에서의 정리는 한계가 있다고 보고 1969년 4월 청와대 비서실에 제3경제수석실인 외자관리비서실을 신설해 재무부 재정차관보였던 장덕진을 비서관으로 임명하고 그 밑에 부실기업 정리반을 편성해 부실기업을 정리하게 했다.

– 《코리안 미러클 1》[4]

청와대 주도로 시작된 1969년 부실기업 정리는 5월 초 1단계 30개 부실차관 기업 정리를 시작으로 8월까지 여덟 차례에 걸쳐 이뤄진다. 비록 정부 주도였지만 일종의 워크아웃 방식이라 할 수 있었다. 청와대 주도의 부실기업 정리를 재무부에서 이관받아 담당했던 최각규 당시 재무부 재정차관보는 이렇게 증언하고 있다.

네. (일종의) 워크아웃이었지요. (중략) 그때 우리가 이른바 불건전 채권을 여러 가지로 정리를 했어요. '불건전 채권 정리 특별팀'을 만들어서 은행이 보유한 불건전 채권을 A, B 두 클래스로 분류했습니다. (중략) (규모가 큰) A 클래스에 대한 정부의 처리 원칙은 첫째, 노력해도 도저히 살아날 전망이 없는 기업은 완전히 청산한다. 둘째, 살릴 만한 가능성이 있는 기업은 청산하지 않고 대출 조건을 완화해주거나 상환을 연기해주고, 이자를 낮춰줘서 재무구조를 개선시켜 살린다는 것입니다. 대신 이럴 경우 기업의 소유자는 바꾸기도 했습니다. 경영권에서 손을 떼도록 한 것입니다. (중략) (규모가 작은) B 클래스에 대해서는 은행이 자체 처리하는 것으로 했습니다.

─《코리안 미러클 1》, 최각규 당시 재무부차관보 증언[5]

기업 재무구조 개선약정 방식의 기업구조조정도 이뤄졌다. 8·3사채동결조치 뒤 1여 년이 지난 1974년 5월 29일, 기업공개 촉진을 위한 대통령 특별지시(일명 5·29조치) 후속으로 이뤄진 계열기업군에 대한 여신관리협정이 바로 그것이다. 5·29조치의 후속으로 정부는 5월 31일 '금융기관여신과 기업소유집중에 대한 대책'을 발표하고, 은행감독원장이 계열기업군의 금융기관 차입 현황, 주식소유 현황, 자산 및 외자 도입 현황을 종합 관리하게 했다. 또 계열기업군별로 주 채권은행과 재무구조 개선을 위한 약정을 체결한 뒤 이행 상황을 점검하게 했다.

재무구조약정 체결을 위한 지침도 제시됐다. 부채 비율이 400퍼센트 이상인 기업군에 대해 채권은행은 더 이상의 대출이나 대출보증을 금지하고, 해당 기업군은 3년 내 부채 비율을 낮출 구체적인 재무구조 개선계획을 마련, 이를 약정화하고 은행에 그 이행 상황을 점검받으라는 것이었다. 기업이 마련할 재무구조 개선계획에는 기업공개, 부동산 처분, 계열사 정리, 증자 등을 담도록 했다. 구체적 부채 비율 감축 목표나 기간 등이 명시적으로 제시되지는 않았지만, IMF사태 시절 재무구조 개선약정 방식과 매우 유사했다.

정부의 재량이 빚은 잘못된 역사의 반복

처음부터 모두 계획한 것은 아니었지만 8·3사채동결조치는 따지고 보면 IMF사태 때의 기업구조조정 방식을 앞서 실천했던 측면이 있다. 8·3사채동결조치로 기업 부실이 잘 청소됐다면 외환위기 때와 같은 대규모 기업부실 사태도 없었어야 했다. 그런데 왜 역사는 반복됐을까. 개인의 재산권까지 침해하면서 정부가 밀어붙인 8·3사채동결조치로 제조업 부채 비율은 간신히 300퍼센트 이하로 떨어졌지만 1975년 이후 다시 급증했다. 1970년대 후반에는 500퍼센트에 달할 정도로 악화됐다. 왜 이런 일이 벌어졌을까.

첫째, 8·3사채동결조치의 목표가 기업 구제에 방점을 두었기 때문이다. 8·3사채동결조치가 나올 수밖에 없었던 당시 경제적 상황을 감안하더라도 기업구조조정의 강도는 상대적으로 미약했다. 정부 주도로 구조조정을 하다 보니 당장의 경제적 충격을 생각할 수밖에 없었다. 자연 긴박감도 떨어졌다. 회생이 도저히 불가능한 몇몇 부실기업은 청산됐지만, 그렇지 않은 기업은 은행이 이자를 깎아주고 대출기간을 연장해 끌고 가는 구제를 우선했다.

둘째, 정부가 기업구조조정을 주도하다 보니 채권은행들이 뒷짐을 지게 됐다. 은행 입장에선 기업을 닦달하는 게 '남의 일'이 돼버린 것이다. 부실기업에 대한 대출 연장, 이자 경감 등으로 손해를 보는 일도 있었지만 대부분 정부가 한국은행을 통해 특별 저리융자를 해줬기 때문에 정부 조치에 따르기만 하면 됐다. 5·29조치를 통해 계열기업군에 대한 여신관리의 일차적 책임이 주 채권은행에 주어지긴 했지만 은행의 사활이 걸린 문제는 아니었다. 오히려 이들 기업에 돈을 빌려주는 것이 은행의 수익을 높이는 일이 됐다.

셋째, 정부가 일관성을 잃었기 때문이다. 정부는 8·3사채동결조치로 어느 정도 기업의 재무구조가 안정되자 바로 중화학공업화에 시동을 걸었다. 1973년 1월 12일 박정희 대통령은 연두기자회견을 통해 중화학공업화를 선언했다. 방위산업 육성이라는 숨은 동기까지 있었기에 대거 지원이 이뤄졌다. 1973년에는 국민투자기금을 조성해 중화학 투자를 추진하는 기업들에 시설자금을 대줬다. 은행저축성예금의 30퍼센트까지 강제로 동원해 중화학 투자자금을 마련하겠다는 취지였다. 정부 스스로 기업구조조정의 원칙을 뒤집은 것이다.

> (전략) (8·3사채동결조치의 후속으로 이어진 기업공개를 둘러싸고) 정부와 재계는 한동안 실랑이를 벌였다. 은행감독원이 나서서 계열기업군에 대한 여신관리협정을 만들어 본격적인 재벌 규제와 감시 체계를 만들어나가기 시작했다. 그러나 이후에 전개되었던 정부의 중화학공업 육성 과정에서 대기업들에게 할당식의 참여를 강제하는 바람에 대통령 특별지시(5·29조치)의 정통성을 정부 스스로 소실시켜 버리고 말았다.
>
> – 《대통령의 경제학》[6]

결국 정부의 지나친 재량권 행사가 문제였다. 정부가 상황에 따라 자의적으로 기업구조조정을 주도하다 보니 기업이나 은행은 정부만 바라보게 됐다. 이런 일이 관성화되면서 기업, 은행의 부실은 눈덩이처럼 불어났고 급기야 IMF라는 외부 기관이 들어와야만 수술할 수 있는 거대한 악성 종양으로 발전하고 만 것이다.

3장

첫 단추를 잘못 꿴 자본시장 개방

외환위기를 겪은 진짜 이유

문민정부 중반이었던 1994년 봄, 필자가 속해 있던 경제기획원은 경제협력개발기구Organization for Economic Cooperation and Development, OECD 가입을 적극 주장했다. 당시 대외경제국 총괄사무관이었던 필자는 실무자였다. 대통령에게 올라가는 보고서에 "OECD 가입이 재임 중 최대 업적 중의 하나로 기록될 수 있을 것"이라고 쓰기도 했다. '재임在任'의 한자를 '再任'으로 잘못 적어 새벽에 보고서를 새로 인쇄하는 곤욕을 치르기도 했다.

그러다 보니 필자 입장에선 "IMF사태는 김영삼정부의 선진국 조급증에서 비롯됐다.", "OECD 가입이 너무 빨랐다"라는 비판이 분명히 거북스럽다. 그럼에도 그런 비판을 곱씹어볼 필요는 있다고 생각한다. 자본시장 개방이 없었으면 우리 기업의 부채가 아무리 많고 수익성이 나빠졌다 한들 우리 경제 전체가 하루아침에 부도 상태로 곤두박질하지는 않았을 것 아닌가. 1972년 8·3사채동결조치 전후에도, 1981년 경제 침체기에도 기업의 빚이 많았지만 IMF사태와 같은 외환위기는 안 겪지 않았는가.

그렇지만 자본시장을 개방하고도 외환위기를 겪지 않은 나라도 많다. 우리와는 다소 경우가 다르지만, 일본은 우리보다 훨씬 먼저 자본시장을 개방했고 국가 부채가 GDP의 250퍼센트에 육박하는데도 외환위기를 겪지 않고 있다. 국가가 진 빚 대부분이 국내 금융기관일 정도로 해외채권자가 적기 때문이다. 한때 채무가 많았던 호주나 뉴질랜드 같은 나라들은 또 어땠나. 자본시장을 개방하고 외환보유액도 많이 쌓아놓지 않았지만 채무 관리를 잘해 슬기롭게 어려움을 극복할 수 있었다. 해외채권을 잘 관리하고 경제의 구조적 문제만 잘 풀어낸다면 자본시장을 개방하더라도 외환위기를 맞지 않을 수 있음을 보여주는 사례다.

그럼 우리는 1997년 말 왜 외환위기를 겪게 됐나. 위기의 직접적 원인은 해외채무가 많았기 때문이다. 무엇보다 단기채무가 많았다. 1년 이내에 갚아야 할 빚이 많은 경제가 전망마저 낙관하기 어렵다면 해외채권자 입장에서는 다른 빚쟁이들이 몰려오기 전에 내 빚부터 갚으라고 요구하는 게 너무도 당연한 얘기일 것이다.

그렇다면 우리 경제는 왜 그렇게 빨리, 왜 그렇게 많은 단기해외채무를 지게 되었을까. 자본시장을 개방하더라도 외채가 지나치게 빠른 속도로 늘어나지 않도록 할 수는 없었을까. 외채를 들여오더라도 장기채권이 더 많이 들어오게 할 수는 없었을까. 자본시장 개방은 시기보다 방식이 더 중요했던 것은 아닐까. 이 장에서는 이런 의문점들을 좀 더 깊이 살펴보기로 한다.

단기해외 빚 급증의 주범, 종금사와 은행 해외자회사

"금고가 비었습니다". 1997년 말 김대중 대통령 당선자가 외환보유액 현황 보고를 듣고 한 말이다.* 김대중 대통령의 말마따나 IMF사태의 직접적 원인은 달러 부족이다. 첫 번째 원인 제공자는 금융권이었다. 금융권은 1993년 제3단계 금융자율화 및 시장계획 이행 이후 빠르게 해외자금차입을 늘려왔다. 그러다 1997년에 들어서자 위기설이 나돌면서 돈을 더 빌릴 수 없게 됐다. 그해 만기가 돌아오는 단기채권은 대부분 추가 연장 없이 상환됐다.

이렇게 된 원인은 우선 단기외채가 크게 늘었기 때문이었다. GDP에 견준 외채 비율은 IMF사태 때보다 1980년대 초가 더 심각했지만 당시 외채는 대부분이 장기였다. 그러나 IMF사태 때는 단기외채가 장

✻ 당시 김대중 대통령에게 보고된 외환보유액은 1997년 12월 18일 기준 39억 달러였다. IMF 등으로부터 75억 달러의 자금을 빌려온다 해도 연말까지 금융기관 등의 대외결제를 지원하려면 외환이 오히려 6~9억 달러 모자라는 상황이었다.

표 3-1 외채 및 총대외지불부담 추이　　　　　　　　　　　　　　(단위: 억 달러, %)

	1992	1993	1994	1995	1996	1997
총외채	428	439	568	784	1,047	1,208
정부	56	38	36	30	24	180
기업	137	156	200	261	356	423
금융기관	235	244	333	493	667	605
총대외지불부담*	629	670	887	1197	1,575	1,544
장기	260	267	303	410	575	860
단기	370	403	584	787	1,000	685
외환보유액 대비 단기부채	–	–	240.7	244.6	317.2	716.6

총대외지불부담은 일반적 기준의 외채에 우리 금융기관 해외지점의 채무까지 합친 개념이다. 총대외지불부담은 1996년까지 매년 30퍼센트를 상회할 정도로 꾸준히 늘었다. 1997년에는 총대외지불부담이 줄었지만, 이는 우리가 자발적으로 빚을 갚아서라기보다는 외국금융기관이 빌려준 자금을 회수했기 때문이었다. 특히 단기채무가 문제였다. 채무가 연장되지 않을 경우 궁극적으로 외환보유고에서 지불해야 했지만, 1997년 단기부채는 외환보유고에 비해 7배 이상 많았다.
* 자료 출처: 한국은행

기외채를 넘어설 정도로 급속히 늘었다. 해외채무는 1997년 말 총 1,206억 달러로 4년 전인 1993년에 비해 3배 가까이로 늘었다. 여기에 은행 해외지점이 빌린 돈이 약 312억 5,000만 달러였다. 1997년 말 우리 경제가 외국에 갚아야 할 빚은 모두 1,544억 달러나 됐다. 이중 1년 안에 갚아야 할 단기채무가 685억 달러였다.

　단기채무를 마구 끌어온 주범은 종합금융회사(이하 종금사)와 은행 해외지점이었다. 종금사들은 금리가 싼 단기자금을 선호했다. 외환위기가 발생하기 1년 전인 1996년에는 장기자금 상환을 위해 단기로 외채를 빌리는 일까지 생겼다. 은행 해외지점도 비슷했다. 은행들은 해외에서 싼 자금을 들여와 시장점유율을 급속히 늘리고 있던 종금사 등

제2금융권과의 경쟁에서 밀리지 않기 위해 해외지점을 적극 활용했다. 국내지점은 단기외채 비중이 장기외채 비중을 넘어설 수 없도록 규제받았지만 해외지점은 예외였다. 1993년 175개였던 은행 해외지점은 1997년 273개까지 늘어났다. 1997년 말 해외지점이 빌린 외채는 312억 달러로 국내 지점의 388억 달러에 근접했을 정도였다. 172억(약 55퍼센트) 달러가 단기자금이었다.

은행 해외지점의 주 고객은 국내기업의 해외법인들이었다. 국내에선 종금사들이 싼 단기외채를 조달해 국내기업에 빌려줬고, 해외에선 은행 해외지점이 단기외채를 국내기업에 빌려주고 있었던 것이다.

> 국내기업의 해외법인이 현지에서 빌려 쓴 돈이 그렇게 심각한 문제를 부를 것으로 생각하지 못했다. 앞의 대문 쪽에만 신경을 쓰고 있었는데, 뒤에 있는 쪽문으로 나가서 저지른 일이 집안 전체를 뒤흔들게 될 줄은 미처 몰랐던 것이다.
>
> — 《강경식의 환란일기》[1]

왜 이런 일들이 벌어졌을까. IMF가 한국 구제금융 패키지를 5년 뒤인 2003년에 자체 평가한 보고서에 따르면 "순탄하지 못했던 자본시장개방uneven process of capital liberalization" 때문이다. 조급하게 자본자유화를 추진하다 보니 장기자금보다는 단기자금시장을 먼저 열어젖힌 것이다. OECD 가입 과정에서 당초 예상했던 수준보다 더 높은 수준의 자본시장 개방을 요구받자, 장기보다는 단기시장 규제를 먼저 없앤 것이었다. 단기시장의 문이 열리자 금융기관들은 당연히 규제가 없고 차입금리가 낮은 단기자금 위주로 자금을 빌리기 시작했다.

어쩔 수 없이 단기시장을 먼저 개방했으면 감독이라도 철저히 했어야 할 텐데 현실은 그렇지 못했다. 당시 한국은행 소속 은행감독원의 감독을 받는 은행들에 비해 재무부가 직접 감독권을 행사한 제2금융권기관들에 대한 감독은 느슨했다. 은행들의 경우 같은 기업에 대해 자본금의 45퍼센트 이상은 빌려주지 못했지만, 종금사는 자본금의 150퍼센트까지 같은 기업에 돈을 빌려줄 수 있었다. 해외차입에서도 은행은 단기자금이 장기자금을 초과하지 못하도록 했지만, 종금사에는 그런 규제가 아예 없었다. 물론 제2금융권기관들에 느슨한 규제가 적용된 데는 나름대로 이유가 있었다. 은행처럼 예금을 기반으로 하지 않기 때문에 문제가 생기면 스스로 책임지게 하는 자기책임원칙을 적용했기 때문이다. 그러나 1997년 들어 자기책임원칙만으로는 문제가 해결될 수 없음이 확연히 드러난 것이다.

뒤바뀐 자본시장 개방 순서, 어쩔 수 없는 현실적 귀결?

단기자금은 장기자금에 비해 변동성이 크다. 들어오기도 쉽지만 나가기는 더 쉽다는 얘기다. 자본시장 개방 때 최우선 고려 사항은 변동성

표 3-2 **금융시장 내 제1금융권과 제2금융권 여신 비중**   (단위: %)

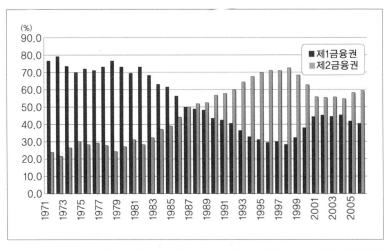

1972년 8·3사채동결조치 이후 사금융시장이 제2금융권으로 편입되기 시작하며 크기 시작한 제2금융권은 1980년대 후반에 들어서면서 여신 규모가 은행을 능가할 정도로 몸집을 폭발적으로 불려나갔다.
*자료 출처: KDI

을 줄이는 것이다. 당연히 장기시장을 먼저 개방했어야 했다. 그럼에도 우리는 단기자본시장을 먼저 열었다. 문을 열었으면 어중이떠중이가 들락거리거나 도적이 몰려오지 않도록 단단히 감시했어야 했지만 그렇지도 못했다. 우리 정책담당자들이 설마 이런 기초 상식도 없었단 말인가.

물론 아니다. 몰라서가 아니라 상황을 통제하지 못했기 때문이다. 제3단계 금융자율화 및 시장개방계획이 어떻게 진행됐는지 살펴보면 해답이 나올 것이다. 3단계 개방계획은 1993년에서 1997년까지 5년간 자본시장을 단계적으로 개방하는 세부 일정을 담고 있다. 이에 따르면 수출입 등 경상 거래에 수반되는 자본 거래가 첫 번째 개방 대상이다. 이후 채권 분야도 국제금융기관들이 원화채권을 발행할 수 있게 하고 증권시장에 대한 외국인 투자 비중도 늘려나가기로 했다. '1996~1997년'으로 예상한 3단계 개방계획은 상업차관을 허용하는 등 더 본격적인 개방을 추진하게 된다. 전제는 국내시장의 "금리 자율화 여건이 성숙돼야 한다"는 것이었다.

그런데 왜 의도와 다른 결과가 나왔을까. 복기해보면 단계적 계획이 가지는 한계 탓이 컸다. 단계적 계획이란 대개 큰 방향만 정하고 세부 내용은 뒤로 미뤄놓게 된다. 처음엔 두루뭉술하게 정하기 때문에 이해당사자 간 절충을 이뤄내기는 좋지만 실제 집행 과정에선 왜곡이나 변질될 가능성이 커진다. 외환위기 상황이 꼭 그랬다. 단계적 계획이라는 얼개가 어떻게 우리 외환시장을 왜곡하고 변질시켰는지 당시 정부와 대기업 간의 관계를 중심으로 재조명해보자.

1장에서 언급했지만 개발연대 한국주식회사 체계가 급속히 무너지면서 정부는 기업을 통제할 다른 수단이 필요해진다. 은행을 통한 대기업 여신규제, 공정거래법상의 경제력 억제정책 등을 동원해 재벌에 대한 직접적 규제에 나서기 시작한 것이다. 그러나 이때 재벌은 이미 정부의 규제를 우회할 수 있는 힘을 갖추고 있었다.

그 단초는 정부가 만들어주었다. 1972년 8·3사채동결조치의 일환으로 시작된 사채 양성화는 1982년 장영자 사건을 계기로 더욱 가속화된다. 8·3사채동결조치로 사금융시장이 얼마나 방대한지 알게 된 정부는 얼마 뒤 상호신용금고를 허용했다. 지하금융이 제도권으로 나올 수 있는 통로를 열어준 것이다. 그러나 1982년 전두환 대통령 영부인과 사돈 관계였던 장영자의 대규모 어음 사기 사건이 터진다. 이는 사금융이 여전히 방대한 규모로 건재하고 있음을 증명해준 사건이었다.

야당은 전두환 대통령의 사임까지 요구하며 거센 공세를 펼쳤다. 금융개혁에 대한 사회적 압력도 크게 높아졌다. 이런 시대적 요구를 안고 재무장관이 된 강경식은 취임 일성으로 금융실명제 실시를 내세웠다. 이와 함께 단자회사 신설, 상호신용금고 추가 허용 방침도 밝혔다. 금융실명제가 도입되면 돈이 더 지하로 숨어들 가능성이 있으므로, 우선 지하경제가 지상으로 나올 수 있는 문호를 더 활짝 열겠다는 것이었다. 1982년 9월 삼삼투금 등 3개 단자회사 인가를 시작으로 1년 새 10개의 단자회사가 새로 생겼고 58개의 상호신용금고가 문을 열었다. 제2금융권에 대한 문호 개방은 이후에도 지속됐지만 안타깝게도 금융실명제는 정치권의 반대로 실현되지 못했다.*

종금사, 증권사, 투자신탁회사 등 제2금융권이 확대되면서 여신시장의 주도권도 은행에서 제2금융권으로 빠르게 넘어갔다. 1980년대 중반, 은행을 제친 제2금융권의 여신 규모는 1997년 전체 여신시장의 70퍼센트를 차지할 정도로 급속 팽창했다.

재벌들은 제2금융권 금융기관들을 경쟁적으로 소유하기 시작했다. 1997년 말 70대 재벌이 소유한 제2금융권 금융기관 수는 모두 114개

---

* 금융실명제는 그 후 1993년 김영삼정부가 전격 실시한다.

표 3-3 70대 재벌의 제2금융권 금융기관 소유 현황(1997년 말 기준)　　　　(단위: 개)

	상위 5 재벌	상위 6-30 재벌	상위 31-70 재벌	총계
일반은행(29)	3	7	4	14
증권(26)	6	5	1	12
투자신탁(24)	4	6	0	10
생명보험(31)	2	4	8	14
화재보험(13)	2	3	0	5
할부금융(26)	2	7	3	12
상호저축은행(219)	1	5	12	18
창업투자(56)	3	4	6	13
신용카드(7)	3	1	0	4
단자회사(46)	3	4	5	12
총(477)	29	46	39	114

1997년 말 70대 재벌이 소유한 제2금융권 금융기관 수는 모두 114개였다. 제2금융권 금융기관(447개)의 24
퍼센트가 재벌 소유였던 셈이다. 특히 IMF사태의 방아쇠를 당긴 단기외채 급증의 주범으로 꼽혔던 종금사의
경우 총 29개사 중 절반에 육박하는 14개가 70대 재벌 소속 계열사였다.
* 자료 출처: 김준경, 〈금융기관 소유구조 개선 방안〉, KDI, 1999.

였다. 제2금융권 금융기관(447개)의 24퍼센트가 재벌 소유였던 셈이다.
특히 IMF사태의 방아쇠를 당긴 단기외채 급증의 주범으로 꼽혔던 종
금사의 경우 총 29개사 중 절반에 육박하는 14개가 70대 재벌 소속계
열사였다.

　결과적으로 재벌그룹은 종금사를 통해 외채를 마음대로 조달할 수
있었다. 그러니 재벌에 대한 은행 대출 규제도 효력을 발휘하기 어려
웠다. 소속금융계열사를 통한 자금 조달이 얼마든지 가능했기 때문이
다. 자금을 쉽게 조달할수록 자금의 효율성도 떨어진다. 물론 당장 문
제가 터지는 것은 아니었다. 그러나 보이지 않는 곳에서 상처는 더 크

게 곪아들고 있었다. 정부가 은행 대출을 조일수록 재벌들은 제2금융권의 칸막이를 풀어달라며 강력하게 로비하는 일이 되풀이됐다.

이런 상황에서 정부의 자본시장 개방은 재벌에게도 호기였다. 정부에 협조하는 모습을 보이면서 자신들에게 유리한 단기시장이 우선 개방되도록 하면 두 마리 토끼를 한꺼번에 잡을 수 있었다. 실제로 자본시장이 개방되자 종금사들은 앞다퉈 싼 자금을 빌려왔다. 당시 종금사가 국내에서 단기로 조달할 수 있는 금리는 연 11~12퍼센트였다. 해외 단기자금은 이보다 5~6퍼센트포인트 낮은 금리로 조달이 가능했다. 이렇게 빌려온 자금을 종금사들은 이율이 높은 장기대출 재원으로 활용했다. 1997년 10월, 총 200억 달러의 종금사 외화차입금 중 168억 달러가 1년 이상 장기대출에 사용됐다.

자본시장 개방을 둘러싼 정부 내 시각차: 경제기획원 대 재무부

단계적 시장개방계획이 변질된 데는 정부 내의 시각차도 한몫했다. 앞서 지적했듯이 제3단계 금융자율화 및 시장개방계획이 약속한 마지막 개방 단계에는 '국내금리자율화가 먼저 이뤄져야 한다'는 전제가 있었다. 그런데 금리자유화의 속도를 놓고 경제기획원과 재무부의 입장이 엇갈렸다. 경제기획원은 시장 원리를 중시한 반면, 재무부는 현실론을 주장했다.

금리자유화를 둘러싼 두 부처의 대립은 1979년 금리안정화정책을 처음 추진할 때로 거슬러 올라간다. 경제기획원은 금리도 시장수급 여건에 맞춰 자유화돼야 한다고 주장했다. 재무부는 금리자유화는 곧 금리 인상이며, 이는 부실한 우리 기업의 줄도산을 가져올 수 있고 결국 금융 부실로 이어질 것이라며 반발했다. 1980년대 초반 중화학공업 추진 기업들에 구제금융을 제공하는 과정에서 허약해진 은행의 체질이 회복될 때까지 시간이 필요하다고 주장했다.

두 부처의 시각차가 워낙 컸기 때문에 사실상 조율이 불가능했다. 정부는 아예 두 부처의 간부들을 맞바꾸기까지 했다. 1982년 1월 4일 개각과 함께 경제기획원 차관에는 정인용 재무부 차관이, 재무부 차관에는 강경식 경제기획원 기획차관보가 임명됐다. 2주일 뒤에는 차관보급 인사의 교환도 이뤄졌다. 강경식 재무부 장관 시절에는 더 강력한 인사 교환이 한 차례 더 이뤄졌다. 재무부 차관으로 경제기획원 출신인 김흥기 전매청장을 임명하면서, 그 후임으로 이규성 재무부 제1차관보를 임명한 것이다. 이규성 차관보의 후임에는 경제기획원 출신인 이형구 국장을 승진 발령했다. 이형구 국장은 1차 인사 교환을 통해 이미 재무부 이재국장을 맡고 있었다. 이재국장엔 경제기획원 출신인 강현욱 국장을 임명했다. 이런 파격 인사 실험에도 금리자율화 속도는 더디기만 했다. 다음은 강경식 전 장관의 회고.

표 3-4 **3개월 만기 CP금리와 3년 만기 회사채 수익률 비교** (단위: %)

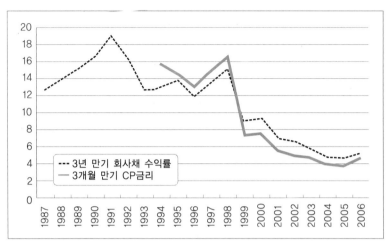

금리는 단기보다 장기가 높은 것이 정상이다. 그러나 1990년대 중반 3년 만기 회사채 수익률이 3개월 만기 CP금리보다 낮은 현상이 상당 기간 지속됐다. 이런 금리역전현상은 IMF사태 이후 정상화됐다.
* 자료 출처: 김준경[2]

이 인사로 재무부의 분위기는 폭발 직전까지 갔다. 재무부 직원은 물론 재무부 출신 인사들로부터 나(강경식)는 공적 1호가 됐다. (중략) 이렇게 파천황의 무모한 인사를 할 정도로 (나의) 재무부 간부들에 대한 불만은 컸었다. 그러나 결과를 놓고 볼 때 이런 인사는 어리석기 그지없는 처사였다. 이 인사 파동으로 재무부의 경제기획원에 대한 반감과 갈등의 골을 더 깊어지게 만든 것은 어쩔 수 없다 하더라도 그런 인사를 한 목적인 금융개혁 추진에도 도움이 되기보다는 반작용만 키운 결과가 되었기 때문이다.

― 《국가가 해야 할 일, 하지 말아야 할 일》[3]

표 3-5 일반은행 수신금리와 투자회사의 CMA금리 비교 (단위: %)

	1991	1992	1993	1994	1995	1996	1997
은행 정기예금 (6-12개월)(A)	6.0	6.0	5.0	5.0	7.0-9.0	9.3	13.9
투자회사 CMA(B)	15.0	15.5	11.9	12.9	13.3	11.8	12.6
차이((B)-(A)	9.0	9.5	6.9	7.9	4.3-6.3	2.5	-1.3

1990년대 중반 은행의 예금금리는 여전히 제한을 받았던 반면, 제2금융권 기관들은 은행보다 배 이상 높은 금리를 미끼로 자금을 조달할 수 있었다. 제2금융권 기관들의 공격적 경영으로 제2금융권이 오히려 은행을 압도하는 현상이 벌어졌다.
* 자료 출처: 김준경

게다가 1987년 당시 노태우 대통령 후보의 6·29민주화선언은 결과적으로 금리자유화를 더욱 더디게 만드는 요인으로 작용했다. 6·29민주화선언 이후 정부는 은행에 최소 중소기업 대출 비율 규제까지 동원하며 중소기업에 대한 자금 지원을 독려했다. 이 와중에 정부가 나서서 은행의 대출금리를 올리자고 나서기는 쉽지 않은 일이었다.

1991년 들어서야 금리자유화가 본격적으로 추진되지만 내용은 변질되고 만다. '선 장기금리, 후 단기금리' 원칙은 왜곡됐다. 제2금융권이 주로 취급하는 기업어음Commercial Paper, CP금리는 매우 빠른 속도로 자유화됐지만, 그보다 장기인 회사채나 은행권의 대출금리는 사실상 정부의 통제 아래 있었다.

이에 따라 1990년대 중반, 우리 경제는 단기금리가 오히려 장기금리보다 높은 금리역전현상이 벌어지기도 했다. 표 3-4에서 보듯 3개월 만기 CP금리가 3년 만기 회사채 수익률을 오히려 웃도는 상황이 상당 기간 지속된 것이다.

수신금리도 마찬가지였다. 은행의 대출금리에 제한이 가해지다 보니 수신금리를 올리는 데도 한계가 있을 수밖에 없었다. 은행과 종금사와의 금리 격차는 비록 금리자유화 실행 과정에서 좁혀지기는 했지만 1990년대 중반까지 4~8퍼센트포인트의 차이를 유지했다. 이렇듯 금리자유화가 더디게 이뤄지다 보니, 금융자율화의 최종 목적지인 자본시장 개방도 빠른 속도를 기대하기 어려웠다.

금리자유화뿐 아니라 자본시장 개방을 놓고도 경제기획원과 재무부는 첨예하게 대립했다. OECD 가입을 주장하는 경제기획원은 이를 통해 자본시장 개방이 속도를 낼 것으로 기대했다. 하지만 재무부는 여전히 현실론에 매달렸다. 결국 어정쩡한 절충이 이뤄졌다. 경제기획원의 주장대로 OECD 가입은 하되 OECD 가입 조건인 자본시장에 대한 유보조건 교섭은 재무부가 관할하게 됐다.

이런 절충이 가능했던 것은 OECD 가입을 결정한 1994년 말 경제기획원과 재무부를 통합한 재정경제원이 출범했기 때문이었다. 재정경제원의 초대 수장은 재무부 출신의 홍재형 경제부총리였다. 그간 일련의 금융자율화 과정은 우여곡절은 있었지만 그래도 경제기획원과 재무부 간 견제와 균형 속에 이뤄졌다고 할 수 있다. 그러나 막상 금융자율화의 최종 단계인 자본시장 개방은 재무부의 일방 독주로 이뤄지게 된 것이다.

경제기획원이 그대로 있었다면 OECD 가입 때 금융 개혁을 해야 한다고 목소리를 높였을 것이고, 장기채권시장은 막은 채 단기채권시장을 먼저 개방하는 일은 하기 어려웠을 것이다. 종금사들이 몽땅 홍콩에 나가 단기자금을 장기로 운용하는 돈 장사에 뛰어들 때에도 그냥 지켜보고만 있지는 않았을 것이다.

－《국가가 해야 할 일, 하지 말아야 할 일》[4]

영국의 금융 빅뱅과 일본의 금융 빅뱅

단계적 금융 개혁이 이행 과정에서 변질되는 것은 비단 우리만의 얘기는 아닌 듯하다. 영국 마거릿 대처 Margaret Thatcher 정부의 업적 중 하나인 1986년 금융 빅뱅을 벤치마킹했다고 하는 일본 하시모토 류타로 橋本龍太郎 정부의 1996년 일본판 금융 빅뱅도 비슷했다.

우선 영국의 금융 빅뱅을 살펴보자. 금융 빅뱅은 영국의 공정거래법을 증시에도 적용하는 과정에서 나왔다. 런던 증권거래소는 개장 이후 30년 이상 사실상 경쟁이 없는 무풍지대였다. 금융업이라는 특수성 때문에 자율규제가 허용됐지만, 이는 기존 참여자에게만 유리한 제도였다. 경쟁자의 신규 진입을 막아주고 참여자 간 담합을 조장하는 든든한 울타리나 마찬가지였다. 대처의 정책팀장으로서 빅뱅을 조율한 존 레드우드 John Redwood 는 당시 상황을 우화에 빗대 묘사했다.

옛날 옛적에 증권거래소라는 큰 성에 기사들이 모여살고 있었다. (중략) 그들은 연회와 마창겨루기 시합, 약탈을 좋아했다. 성 밖에는 많은 신민과 농노가 살고 있었다. 이들은 노동의 대가인 저축을 귀족협회에 보내야 했다. (중략) 그리고 귀족협회는 성 밖의 사람들이 모아 보낸 돈을 투자할 때마다 증권거래소 성으로 보냈다. 그곳에선 세금도 물리고 약탈도 이루어졌다. (중략) 증권거래소에는 성 밖의 사람들에게는 세금뿐만 아니라 수수료도 절대 깎아주지 않는다는 내부 규칙이 있었고, 이는 성안 사람 모두를 기쁘게 했다.

30년 비밀 유지 뒤 공개된 레드우드의 메모[5]

이런 문제를 해결하기 위한 대처의 처방은 사실 간단했다. 증권거래소의 담합을 없애기 위해 고정수수료를 없애고 증권중개업과 투자업 간 겸업을 허용하며 외국계 금융기관에도 문호를 개방하고, 전자거래시스템을 도입해 투명한 거래를 통한 경쟁을 확산시키자는 것이었다. 지금은 너무 당연해 보이는 처방이지만 당시만 해도 금융의 특수성을 주장하는 기득권자들 때문에 엄두를 내기 어려웠다. 더구나 금융업은 전통적으로 보수당의 표밭 아닌가. 대처는 과거 노동당 정부에서 감히 엄두를 못냈던 일을 해낸 것이다. 방법도 단호했다. 예고된 시점에 모든 조치를 일거에 단행했다. 단계적 실행 때 생길 수 있는 변질의 싹을 아예 잘라놓은 것이다.

금융 빅뱅 이후 영국증시는 유럽 내에서 경쟁 상대가 없을 정도로 잘나가고 있다. 어떤 면에서는 뉴욕증시를 능가할 정도다. 금융업은 영국 GDP의 약 15퍼센트를 차지할 정도로 영국의 대표적 산업이 됐다. 물론 흠집을 내려는 이들은 2008년 글로벌 금융위기 때 영국이 심하게 고통을 겪은 것은 대처의 금융 빅뱅 때문이라고 비판하기도 한다. 하지만 그런 비판은 거센 반론에 막혀 사그라들고 말았다.

빅뱅 후 25년간, 영국 금융서비스 흑자는 2.5배 늘어났다.

— 〈파이낸셜타임스 Financial Times〉 칼럼[6]

대처의 금융 빅뱅의 주요 특징은 (시장 경쟁을 촉진시키면서) 오히려 금융감독 기능을 시장에서 정부로 가져온 것이었다. 이 점에서 볼 때 대처는 대책 없는 시장주의자가 아니라 실용주의자였다.

— 〈시티에이엠 CityA.M.〉 칼럼[7]

그렇다면 이를 본떠 10년 뒤에 결행했던 일본정부의 금융 개혁은 어땠을까. 하시모토 총리는 이를 영국의 금융 빅뱅에 비견하여 일본판 빅뱅이라고 불렀다. "자유, 공정, 그리고 글로벌"이란 기치를 내걸고 은행, 보험, 증권업 간 벽을 허물겠다고 나섰다. 증권수수료를 자율화 하고 회계투명성을 높이면서 외국금융기관에 대한 시장 개방 등 일련의 조치를 담았다. 오히려 개혁의 범위는 영국보다 넓었다. 그러나 시행 방식에 문제가 있었다. 일본은 영국 빅뱅과는 달리 단계적 이행 방식을 택했다. 계획 발표도 1999년까지 쪼개서 이뤄졌다. 이행 시기도 1997년부터 2001년까지 5년이었다.

그러나 단계적 이행은 일본 금융계에 반발의 빌미를 제공했다. 일본 금융계의 최대 관심은 개혁이 아니라 '안방 내주지 않기'였다. '윔블던 효과Wimbledon Effect'라는 용어를 만들어낸 것도 일본 금융계였다. "윔블던 테니스 대회가 세계 4대 대회 중 하나지만, 영국 선수가 우승하는 일이 없지 않느냐"며 비꼰 것이다.

강력한 반발 논리에 부딪치자 일본식 금융 빅뱅은 변질되기 시작했다. 원칙대로라면 경쟁에서 뒤진 금융기관은 도태돼야 했지만 일본 정부는 2001년 3월까지 모든 은행 저축에 대해 완전보증을 약속, 은행의 퇴출 가능성을 막아놓았다. 회계투명성 강화도 물 건너갔다. 몇몇 은행이 어려움에 처하자 일본 정부 스스로 회계상 임시 조치를 두 번씩이나 허용했다.

결과는 어땠나. 지금껏 일본 금융시장은 아시아에서조차 국제금융시장으로서의 권위를 위협받고 있다. 안방 챔피언을 지키려다 보니 그들만의 리그로 전락해버린 것이다. 반면, 영국에서는 세계적 금융기관들이 계속 나오고 있다. 공교롭게도 그동안 우승자를 못내던 윔블던 테니스 대회에서도 2013년에 영국인 우승자가 탄생했다. 77년 만이다.

IMF 감독 아래 추진된 영국식 빅뱅

첫 단추를 잘못 펜 탓으로 금융 개혁의 마지막 단계인 자본시장 개방이 헝클어졌고, 그 결과 외환위기를 맞게 됐지만 한국의 금융 개혁은 그 후 IMF 구제금융 패키지에 따라 단숨에 진행됐다. 우리 정부와 시장이 이미 알고 준비했으며 실행에 옮기고자 했으나 하지 못했던 개혁들이었다. 스스로 하지 않으면 타의에 의해 강제로 하게 된다는 교훈을 우리 금융시장이 얻은 것도 이때다.

> 금융개혁법안은 IMF 구제금융 이후에 우리 국회의 자발적인 결정이 아니라 IMF의 강력한 요구로 국회를 통과해 입법화했다. 이런 결과를 두고 생각할 때 금융 개혁을 하려는 욕심이 입각 결정을 하는 데 한몫한 것은 얼마나 현실을 몰랐는가. 어처구니가 없다. 금융 개혁을 하기 위해서라면 아무것도 안 하고 가만히 있어도 그 뜻을 이룰 수가 있었다. (중략) 1997년 3월 입각한 뒤 열심히 일한 것은 고작 IMF 지원을 받는 시기를 (오히려) 몇 달 늦춘 것에 불과하지 않은가 하는 생각을 하게 된다. 허망할 따름이다.
>
> – 《국가가 해야 할 일, 하지 말아야 할 일》[8]

강경식 당시 경제 부총리의 회한 섞인 회고담이다. 1997년 3월 "1979년 금융안정화시책 이후 뜻을 이루지 못한 금융 개혁을 추진할

그림 1 IMF사태 이후 새로운 기업지배구조 개념도

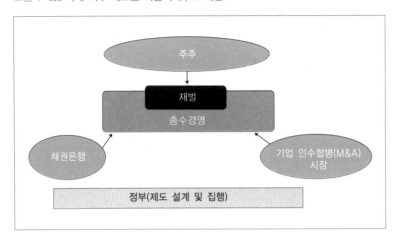

수 있다는 욕심"으로 부총리직을 수락했지만, 강 부총리는 재직 중에는 뜻을 이루지 못했다. 그리고 그 뜻은 IMF사태를 맞아 전격적으로 이뤄졌다. 뒤늦게나마 영국식 금융 빅뱅이 이뤄진 것이다. 이를 통해 적어도 금융권에서 금융 부실에 대한 자기책임원칙은 확실하게 세워졌다. 이에 따라 지금은 오히려 금융기관들이 기업 대출에 지나치게 소극적이지 않느냐는 비판이 나올 정도로 대출 관리가 엄격해졌다.

영국의 금융 빅뱅식 개혁은 비단 금융 분야에만 한정된 것은 아니었다. 사외이사, 감사위원회 등 기업 내부에서도 경영진의 전횡을 견제할 수 있는 견제 장치가 대폭 도입되기 시작했다. 소수주주의 권리도 크게 강화됐다. 소수주주가 회사 장부를 열람할 수 있는 문턱이 낮아지고, 회사에 손해를 끼친 경영진을 소송할 수 있는 권한도 강화됐다. 회사 경영권시장(M&A 시장)도 대폭 넓어졌다. 종래 2조 원 이상의 대기업에 대해 사실상 불가능했던 인수합병이 가능해진 것이다. 경영진이 수익성을 무시하고 몸집 불리기에 열중하다가는 주가가 떨어져 적대적 인수합병의 희생양이 될 수도 있었다.

개발연대 이후 정부의 당근과 채찍에 의존해온 한국주식회사 체제를 대체할 새로운 기업지배구조체제Corporate Governance를 마침내 찾아낸 것이다. 정부가 선장이 됐던 종래의 한국주식회사와는 달리 새로운 체제에서는 주인이 없다. 새로운 체제에서 비록 총수경영이 이뤄지더라도 총수경영진은 사외이사, 소수주주 등 기업 내부뿐 아니라, 금융기관 등 기업 외부에서도 충분한 견제를 받는 것을 목표로 한다. 새로운 체제에서 정부의 역할은 제도를 설계하고 이를 엄정하게 집행하는 역할만을 담당한다. 여기서 키워드는 투명성과 책임성이다. 회계 투명성을 토대로 기업 경영의 책임성을 강화해나가는 것을 목표로 한다. IMF사태를 계기로 새로운 체제는 전격적으로 도입됐다. 새로운 체제를 제대로 작동시키는 것이 또 다른 IMF사태를 막는 길일 것이다.

4장

법정관리인가
워크아웃인가

워크아웃의 실리

워크아웃. 필자가 이 용어를 처음 접한 것은 1998년 5월쯤이다. 금융
감독위원회 서근우 기업구조조정 T/F팀장을 통해서다. 사실 생소했
다. 그는 "채권자들 간 사적화의 장치라고 보면 된다"고 했다. "법정
관리는 시간이 걸려 여기에 목매었다간 회사가 다 결딴난다. 1997년
4월 기아자동차(이하 기아차)의 화의신청 시도 이후 법이 바뀌어 대기업
이 법정관리절차를 통해 기업회생절차를 밟기가 훨씬 어려워졌다. 워
크아웃 제도 도입이 불가피하다"고 덧붙이기까지 했다.

기아차는 화의를 추진했다가 경영진의 도덕적 해이Moral Hazard라고
질타받고 자진 철회했다. 그렇다면 워크아웃처럼 채권자들이 중심이
된 사적화의는 어떻게 도덕적 해이를 막아낼 수 있다는 건가. 은행관
리 또는 채권단관리 같은 제도도 있는데 왜 굳이 영어로 된 새 제도를

도입해야 할까. 거부감마저 들었다.

그런데 막상 실행해보니 달랐다. 워크아웃은 기업구조조정 수단으로서 효자 노릇을 톡톡히 해냈다. 당초 6대 이하 그룹 처리 수단으로 마련됐지만 대우그룹 구조조정에도 활용됐다. 대우의 많은 계열사들에 독자 생존할 수 있는 기반을 마련해준 것도 워크아웃이었다. 워낙 효과가 탁월해서였을까. 애초 금융기관 간 신사협정을 통해 운영되던 워크아웃은 2001년 8월, 비록 한시적이긴 했지만 '기업구조정촉진법'이라는 법적 지위까지 갖게 된다.

그뿐만 아니다. 워크아웃은 철옹성 같던 법정관리제도도 바꿔놓았다. 법정관리제도는 통합도산법으로 전면 개편되면서 구 경영진의 경영 참여를 원칙적으로 허용하는 등 워크아웃 개념을 많이 반영했다. 기아차의 화의 신청이 구 경영진의 도덕적 해이라고 여론의 공분을 불러일으켰던 1997년의 경험에 비추어볼 때 실로 코페르니쿠스적인 대반전이라고 할 수 있을 것이다. 어떻게 이런 일이 가능했을까.

죄수의 딜레마와 법정관리제도

기업이든 개인이든 빌린 돈을 갚지 못하면 파산할 수밖에 없다. 파산 후엔 빚잔치가 남는다. 빚쟁이들이 몰려들어 돈 되는 것은 다 집어가는 텔레비전 드라마 장면은 대표적인 빚잔치다. 그런데 빚잔치는 채

그림 1 담보채권자와 무담보채권자 간의 비협력 게임

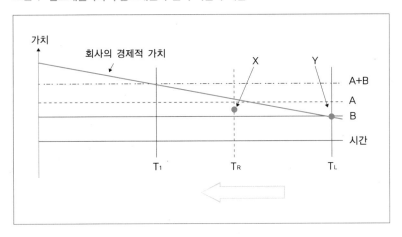

권자에게도 반드시 좋은 것만은 아니다. 파산 기업이 있다고 하자. 회사가 가동 중일 때는 쓸모 있는 자산이지만, 일단 회사가 파산하고 나면 고철 덩어리로 전락한다. 이걸 팔아봤자 채권자가 손에 쥐는 돈은 크게 부족하기 일쑤다. 채권자 입장에선 만기를 연장해주거나 빚을 깎아줘 회사가 천천히 빚을 갚아나가도록 하는 게 궁극적으로 빚을 더 많이 회수하는 방법이 될 수도 있다. 물론 빚을 깎아주는 일은 결코 쉽지 않다. 회사가 살아나지 못하면 더 큰 손해를 볼 수 있다. 특히 채권자들이 많을 경우엔 조정도 어렵다. 이해관계가 서로 다르기 때문이다.

파산에 직면한 기업을 둘러싼 채권자들의 딜레마를 그림 1처럼 서로 다른 이해관계를 가진 두 채권자의 비타협 게임으로 설명해보자. 채권자 A는 담보채권자, 채권자 B는 무담보채권자다. 회사 가치는 시간이 갈수록 줄어든다. 회사의 존속 가치, 그러니까 계속 기업활동을 할 때의 가치가 청산 가치, 즉 회사 자산을 쪼개 팔아치웠을 때의 가치보다 적어지는 시점(그림 1에서 시점 T_l)에서 회사는 청산된다. 이때부터 채권자들의 빚잔치는 시작된다. 담보채권자는 청산 기업의 잔존 자산에 대해 우선순위가 가장 높은 선순위 채권자다. 그럼에도 담보채권자가 파산 기업으로부터 건질 수 있는 돈은 빌려준 돈보다 적은 경우가 대부분일 것이다.

반면, 상대적으로 무담보채권자는 기업이 파산하면 건질 것이 거의 없다. 무담보채권자가 빚을 회수할 수 있는 가장 좋은 방법은 기업이 아직 살아 있는 동안에 빚을 돌려받는 것이다. 담보채권자에 비해 상대적으로 빌려준 돈이 적을 테니 행동만 빠르면 성공할 가능성도 있다. 그런데 이럴 경우 잘못하면 회사를 더 빨리 파산으로 몰아갈 수도 있다. 그런 일이 벌어지면 그래도 담보채권자는 남은 회사 재산을 팔아 조금이라도 건질 수 있지만, 무담보채권자는 한 푼도 건지지 못할 수 있다.

두 채권자 모두에게 좋은 결과는 회사의 존속가치가 청산가치보다 높은 시점에서 채권자들이 서로 일단 채권행사를 중지(회사 입장에서는 채무동결)한 채 협상할 수 있는 시간을 갖는 것이다(그림 1에서 시점 T_k). 이때 채권자 간 원만한 합의를 이루려면 선순위 채권자인 담보채권자부터 자신의 채권을 모두 돌려받아야 한다는 생각을 버려야 한다. 청산 시점에서 자신이 상환받을 수 있는 금액 이상을 확보할 수 있다면 무담보채권자에게도 얼마간의 채권을 회수할 수 있도록 해줘야 한다. 채권자들에게 이런 기회를 가질 수 있도록 해주는 것이 바로 법정관리제도다.

효율성 측면에서 보면 법정관리를 하루라도 빨리 신청하도록 제도를 만들어주는 것이 좋겠지만 여기에도 한계가 있다. 우선 회사 경영진이 동의하지 않을 수 있다. 경영진으로서는 자칫 경영권을 잃을 수 있는 법정관리에 들어가기보다 다소 무리해서라도 회사를 끌고 가려고 할 것이기 때문이다. 채권자보다 회사의 상황을 잘 알고 있는 경영진이 법정관리의 필요성에 동의하지 않으면 법정관리 자체가 성사되기 어렵다. 경영진 입장에선 회사의 존속가치가 채무액보다 낮아지는 시점, 즉 주식가치가 제로가 되는 시점(그림 1에서 시점 T_i)이 돼야 비로소 법정관리에 동의할 것이다. 무담보채권자 입장에서도 회사가 자신들의 빚을 갚더라도 파산하지 않는다는 보장만 있다면 빌려준 돈의 일부만 받을 수 있는 법정관리보다는 발 빠른 채권행사를 선호할 것이다.

이렇게 볼 때 법정관리절차는 대체로 시점 T_i와 시점 T_L 사이에서 이뤄진다고 보는 것이 현실적이다. 시점 T_i에 가까울수록 법정관리제도의 효율성은 높아지지만 채권자들 간의 형평성은 떨어진다. 효율성과 형평성을 다 만족시키지 못한다는 게 법정관리제도의 한계인 것이다.

법정관리의 효율성을 높일 수 있는 주요 요소

1) 구 경영진 경영 참여 Debtor-in-Possession

현 임원으로 재직 중인 채무자들은 현 기업 상태에 대해서 가장 잘 파악하고 있어 기업도산 절차의 효율성을 가장 높일 수 있다. 그러나 이해 갈등 및 도덕적 해이, 지대추구 Rent-Seeking 등의 가능성이 있으므로 오히려 추가적인 비용이 발생할 수도 있다. 그러므로 이에 대한 균형점을 찾는 것이 필요하다.

2) 채무이행 자동중지 Automatic Stay

채무자가 법원에 회생절차를 신청하는 경우 보전처분, 중지명령 등 법원의 별도 결정 없이도 도산절차 시작 전에 채권자가 채무자에게 변제를 받거나 강제집행을 강행하는 것을 자동적으로 금지하는 제도.

3) 채무변제의 절대우선원칙 Absolute Priority

민법상 채권의 우선순위에 따라 담보채권자 등 선순위 채권자에게 우선적으로 변제한 이후에 후순위 채권자가 변제받을 수 있게 하는 제도.

4) 크램다운 Cram-down 및 의결정족수 Quantum Requirement

일정 수 이상 채권자들의 의결이 있을 경우, 그 합의 사항을 다른 모든 채권자들에게 강제로 적용하게 하는 제도. 의결정족수가 작을수록 절차가 빨리 진행될 수 있으나, 그 과정에서 소액채권자들의 이익이 침해될 가능성도 있다.

5) 절차 단순화 및 기한 제한액

다수의 도산관련법이 단일법으로 통합될 경우 불필요한 절차 중복을 피하고 처리 시간을 단축하는 등 효율성을 제고할 수 있다. 따라서 각국은 도산절차 단계별로 기한 제한을 두고 있다. 예를 들어, 인도네시아정부는 도산법을 개정하여 회생신청 2달 내 임시처리계획을 확정하고 270일 내에 시행하도록 제한하고 있다.

6) 사전조정제도 Prepackaged Bankruptcy

부실기업의 법정관리절차를 간소화한 구조조정 관련 제도로서 채권단과 부실기업이 합의한 회생계획안을 법원에 제출하면 절차가 시작되기 전이라도 공식적인 회생신청절차로 인정하는 것이다. 이를 통해 절차를 가속화할 수 있어 효율성이 제고되나, 소액채권자의 권리를 약화시킬 여지도 있다.

워크아웃과 법정관리

효율적인 법정관리제도가 있는데도 굳이 워크아웃제도가 필요한 이유도 여기에 있다. 워크아웃은 채권자들 간 사전합의제도다. 법정관리가 지나치게 효율성 위주로 짜여지면 소수 후순위 채권자들의 권익이 침해될 우려가 있다. 그러나 법으로 강제하기보다 채권자들 간 자발적 합의를 통한다면 그만큼 효율성과 형평성의 조화가 이뤄질 가능성이 크다. 그렇다고 워크아웃만으로는 안 된다. 사적합의제도인 워크아웃은 공적 절차인 법정관리제도가 없으면 제대로 작동하기 어렵다. 그림 2에서 그 이유를 살펴보자.

그림 2는 그림 1의 변형이다. 이제 사회적 합의에 의해 법정관리절차는 시점 T_R에서 개시될 수 있다고 하자. 무담보채권자도 담보채권자가 시점 T_R에서 법정관리를 신청할 수 있는 법적 권리를 갖고 있음을 알고 있다. 이때 담보채권자가 좀 더 빠른 시점인 Tv에서 무담보채권자에게 bv만큼의 채권보전을 제의하면서 합의를 요구해온다면 무

그림 2 법정관리 대 워크아웃

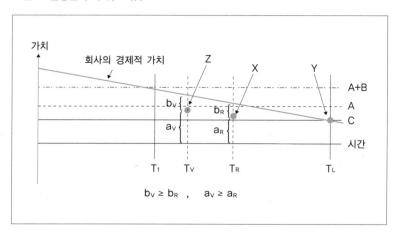

담보채권자도 여기에 응할 가능성이 크다. 왜냐하면 담보채권자가 법정관리를 신청할 경우 무담보채권자가 건질 수 있는 최대채권 규모는 b_V보다 적은 b_R에 머물기 때문이다.

결국 법정관리제도가 있기 때문에 채권자들은 사적합의를 통해 좀 더 빠른 시점에서 회사 회생을 논의할 수 있다는 얘기다. 이를 게임이론식으로 표현하면, 법정관리제도는 워크아웃제도 운영 과정에서 신뢰할 만한 위협수단Credible Threat이다. 담보채권자가 아무리 말로 강하게 채근하더라도 법적으로 담보가 돼 있지 않으면 무담보채권자에게는 단순히 공허한 위협Empty Threat에 불과할 것이다.

기업도산법제도의 변화

이제는 '한국 최대 재벌은 파산재판부'라는 말이 이상하게 들리지 않을 정도로 법원 주도의 기업회생제도가 보편화됐지만 IMF사태 이전에는 법정관리가 매우 드물었다. 오죽하면 "판사가 기업 도산 사례를 다루는 경우는 재직 중 한 번 있을까 말까 할 정도"라는 말이 나왔을까. 가끔 기업 도산을 다루더라도 회사의 회생보다는 채무 정리에 더 방점이 찍혔다. 회사 회생 절차로서 회사정리법이 허용한 법정관리제도, 화의법이 허용한 화의제도가 있었지만 실제 운영은 기업의 회생보다는 채권자들의 채무를 어떻게 갚느냐에 초점이 맞춰졌다.

왜 그랬을까. 이유는 간단하다. IMF사태 이전에는 회사를 살리기 위해 법정관리제도를 운용할 필요가 적었기 때문이다. 회사를 살리고 싶으면 정부가 채권단인 은행을 배후에서 조정해 지침을 주면 됐다. 1972년 8·3사채동결조치 이전의 부실차관기업 정리, 1981년 발전설비·자동차 등의 일원화를 주 내용으로 했던 중화학조정조치, 1980년대 중반 해외건설·해운 등을 대상으로 했던 산업합리화조치 등이 이에 해당된다. 간혹 법정관리를 통해 회사 회생을 꾀하는 경우가 있기는 했다. 이때는 대개 경영진이 경영권을 유지하려는 목적이었다. 1990년대 한국의 대표적 패션 브랜드였던 논노의 경우, 구 경영진이 계속 경영권을 유지하는 조건으로 1992년에 법정관리에 들어갔다. 하지만 법정관리 중이던 1996년에 논노는 또다시 부도를 냄으로써

표 4-1 회사정리 방법별 이용 현황

년도	파산	화의	회사정리
1983	18	–	65
1984	12	2	52
1985	11	2	40
1986	26	–	26
1987	20		30
1988	21		26
1989	37	2	27
1990	27		15
1991	16		64
1992	14		89
1993	26		45
1994	18		68
1995	12	13	79
1996	18	9	52
1997	38	322	132
1998	467	728	148
1999	733	140	37
2000	461	78	32

1996년 회사정리법이 개정되기 전까지 파산 위기에 처한 기업들이 가장 많이 선택하는 회사정리 절차는 법정관리였다. 그러나 법정관리 중에 다시 부도를 낸 논노를 계기로 구 경영진의 경영권 참여를 불허하는 방향으로 회사정리법이 개정된 이후 여전히 구 경영진의 경영 참여를 허용하고 있던 화의신청 건수가 급증한다. 이런 기업도산법상의 제도적 허점을 보완하기 위한 법 개정이 1997년, 1998년에 걸쳐 급하게 이뤄진다.
* 자료 출처: 법원행정처, 〈사법연감〉, 각호

채권단에 더 큰 피해를 안겼다. 논노 사태의 재발을 막기 위해 이후 법정관리는 경영권 박탈을 의무화했다.

기아차의 경우도 비슷했다. 외환위기의 그늘이 짙게 드리워지던 1997년 9월, 기아차는 전격적으로 화의를 신청했다. 법정관리로 가면 경영권을 빼앗기기 때문이었다. 화의제도는 작은 기업의 신속한 채무조정을 위해 구 경영진의 경영권 유지를 허용하고 있었다. 기아차의 화의신청은 이런 제도적 허점을 노린 것이었다. 하지만 비판적 여론이 들끓으면서 채권단이 화의절차에 반대하자, 기아차는 화의신청을 철회하고 만다. 이후 화의법도 일정 이상의 대규모 기업은 이용할 수 없게 개정됐다. 그 뒤 기아차는 채권단이 법정관리를 신청해 경영진이 바뀐 상태(법정관리인으로 진념 전 경제부총리 지명)에서 법원 관리 아래 새 주인을 찾게 된다.

이렇듯 경영진의 도덕적 해이 방지에 방점을 뒀던 법정관리제도가 회사 회생에 좀 더 초점을 맞춰 개정된 것은 그 뒤 8년이나 지난 2006년 4월이었다. 정부가 회사정리법, 화의법, 파산법 등 그동안 별도법으로 돼 있던 3개의 기업도산 관련법을 통합한 '채무자 회생 및 파산에 관한 법률'(일명 '통합도산법') 초안을 마련한 건 2002년. 그러나 정작이 법이 발효되기까지는 그 뒤 4년이 더 걸렸다.

법 개정까지는 우여곡절이 많았지만 내용만큼은 획기적이었다. 우선 기존 경영진의 경영 참여를 원칙적으로 허용했다. 법정관리 개시와 동시에 기존 경영진을 교체하는 것이 되레 기업의 신속한 회생에 도움이 되지 않는다는 판단 때문이다. 대신 법정관리 진행 중 언제라도 파산이 가능하도록 했다. 채권단 입장에서도 기존 경영진의 참여를 반대할 이유가 적어졌다. 채권단이 잘못하는 경영진을 견제할 수단이 많아졌기 때문이다. 법은 또한 법정관리 신청 이전에 이뤄진 인수합병계획 등 기업구조조정방안도 일정 요건을 갖추면 법적절차의 일환으로 인정하는 이른바 '사전조정제도'도 일정 부분 허용했다. 통합도산법은 또 법정관리 개시 뒤 제공되는 신규자금에 대해 '공익채권' 지위를 부여했다. 이에 따라 워크아웃 때 금융채권자들이 큰 법적 부담 없이 새 운영자금을 지원할 수 있게 됐다.

통합도산법 제정이 지지부진한 동안 채권금융기관을 중심으로 아예 사적워크아웃제도를 법제화하려는 시도도 있었다. 바로 5년 한시법 형태로 2001년 1월부터 발효된 기업구조조정촉진법(이하 기촉법)이 그것이다. '기촉법'은 참여 채권금융기관의 범위를 확대하는 등 기존 워크아웃제도를 더 강화했다. 워크아웃이 비록 한시법이라는 형태라도 제정된 것은 그만큼 실효성에 대한 사회적 공감대가 형성됐기 때문일 것이다. 이 법은 한국에만 있는 특이한 법으로 시한 만료 때마다 연장 또는 재개정됨으로써 현재까지 존속되고 있다.*

해외채권자와 협상:
대우 대 SK네트웍스(구 SK글로벌)

법정관리제도의 효율성이 개선됐음에도 실제 기업구조조정은 워크

---

* 가장 최근의 법 개정은 2014년 말에 이뤄졌다. 2001년 5년 한시법으로 제정되고 나서 벌써 네 번째다. 이번에는 2015년 7월 1일부터 2015년 말까지 6개월 동안 한시적으로 효력이 발생하게 돼 있다.

표 4-2 30대 재벌 중 기업구조조정 대상 그룹의 구조조정 방식

	1997년 말 기준		기업구조조정 절차
	계열사 수	차입금(10억 원)	
대우	250	25,347	워크아웃(1999.8.26)
기아	40	5,819	법정관리(1998.4.15)
쌍용	75	9,004	워크아웃(1998.11.1)
한라	36	4,501	화의(1998.3.20)
고합	25	3,384	워크아웃(1998.7.14)
동아	42	3,696	법정관리/파산
진로	32	1,443	화의(1998.2.3)
한일	20	1,578	법정관리(1999.1.19)
아남	34	2,217	워크아웃(1998.10.30)
해태	37	3,254	법정관리(2001.4.11.)
신호	33	1,569	워크아웃(1998.7.16)
동일	18	1,373	법정관리(1999.4.23)
뉴코아	18	691	법정관리(1998.11.16)
동국	24	1,091	워크아웃(1998.10.27)
새한	24	1,805	워크아웃(2000.5.27.)
갑을	23	832	워크아웃(1998.7.24)
거평	20	1,960	워크아웃(1998.7.23)
합계(17개)	751	69,564	

기업도산법 개정을 통해 법정관리, 화의 등의 절차가 빨라졌음에도 대기업 구조조정은 워크아웃 중심으로 이뤄졌다. 1997년 말 당시 30대 재벌 중 기업구조조정을 거친 그룹은 총 17개로 이 중 대우를 포함한 9개 재벌이 워크아웃을 통해 구조조정이 이뤄졌다. 차입금 기준으로는 68퍼센트가 워크아웃 신세를 진 셈이다.
*자료 출처: 금융감독위원회

아웃 중심으로 이뤄졌다. 1997년 말 당시 30대 재벌 중 17개 재벌이 구조조정 과정을 거쳤는데, 대우를 포함한 9개 재벌이 워크아웃을 통해서였다. 채무액 기준으로는 68퍼센트가 워크아웃 신세를 진 셈이다.

그러나 워크아웃은 국내채권자, 그중에서도 금융채권자에게만 적용된다는 근본적인 한계가 있었다. 백번 양보해 물품대금을 받지 못한 하청업체들은 워크아웃 채권자에서 제외한다고 쳐도 해외채권자들까지 제외할 수는 없었다. 워크아웃은 참여한 금융채권자들의 신규자금 제공이 전제돼야 하는데, 이 돈이 해외채권자들에게 속속 흘러들어간다면 누가 이를 받아들이겠는가.

결국 국내채권자들은 워크아웃 개시 전에 워크아웃에 동의하지 않는 해외채권자의 채권을 '할인된 가격으로 사주게cash buy-out' 된다. 이때는 해외채권자의 채권 가격을 얼마나 깎을 수 있느냐가 기업 회생의 열쇠가 된다. 그런데 이때 법정관리제도가 효율적으로 작동된다면 국내채권단의 협상력은 높아진다. 해외채권 가격을 더 많이 깎을 수 있게 되는 것이다. 해외채권자 입장에선 법정관리에 들어갈 경우 한 푼도 건지지 못할 위험이 있으므로 국내채권자들의 협상에 가능한 응할 수밖에 없기 때문이다. 반면, 법정관리에 시간이 많이 걸린다면, 협상의 열쇠는 오히려 해외채권자가 쥘 수도 있게 된다. 법정관리에서 해외채권자도 건질 것이 적겠지만, 빌려준 돈이 훨씬 더 많은 국내채권자가 더 큰 손실을 볼 수 있기 때문이다.

대표적인 예가 1999년 대우그룹 해외채권단과의 협상이었다. 대우의 해외채권자는 69개국에 걸쳐 총 480개 기관이나 됐다. 1998년 6월 당시 빚은 69억 달러. 대우의 총금융채무 중 15퍼센트였다. 협상의 요체는 이 중 48.4억 달러 규모의 무담보채권에 대해 국내채권자가 얼마

만큼의 할인율을 적용해 되사주느냐였다. 국내채권단 대표는 당시 워크아웃 협약사무국 역할을 했던 기업구조조정위원회의 오호근 위원장이었다.

핵심은 (주)대우였다. 대우 계열사 중 가장 부실하면서도 해외채권자들의 빚을 가장 많이 끌어 쓴 회사였다. 부실한 만큼 채권값도 많이 깎여야 했다. 하지만 해외채권자들은 완강했다. 더 많이 받아야 한다고 버텼다. 시간을 끌수록 자신들도 손해지만, 초조한 쪽은 더 많은 채권을 가지고 있는 국내채권자들이란 사실을 알고 있었기 때문이었다. 오히려 법정관리로 가겠다고 위협하기도 했다. 당시 재계 2위인 대우를 법정관리에 넣는다는 것을, 그래서 수많은 하청업체의 외상채무도 같이 동결시키는 것을 한국정부가 정치적으로 감당하지 못할 것이라는 계산이었다.

5개월간의 피 말리는 협상을 통해 최종 합의된 할인율은 39~40퍼센트. 그동안 해외채권에 대해서는 한 푼도 못 떼먹고 100퍼센트 갚아왔던 한국 입장에선 엄청난 성과임에 분명했다. 그러나 국내 무담보채권자에 대한 할인적용률이 35퍼센트인 것에 비하면 여전히 과도하게 높은 수준이었다. 게다가 해외채권자 대부분이 부실이 가장 큰 (주)대우의 채권자였다는 점을 감안하면 왠지 개운치 않은 느낌이 남는 것도 사실일 것이다.

대우와 좋은 비교가 되는 게 SK네트웍스(구 SK글로벌) 사례다. 2003년 3월 11일 검찰이 14억 달러 규모의 회계부정이 있었다고 밝히면서 SK

네트웍스는 부도 위기에 몰렸다. 그냥 두면 위기가 그룹 전체로 번져 나갈 가능성도 컸다. 그런데 당시는 대우 워크아웃 때와는 달리 기촉법이 발효됐던 상황. SK그룹의 주 채권은행인 하나은행은 기촉법에 따라 이튿날인 12일 채권자회의를 소집, 우선 국내채권자들의 채무를 동결했다. 남은 문제는 해외채권자였다. 당시 SK네트웍스의 빚 61억 달러 중 해외채권은 29억 달러. 이 채권을 그대로 두고는 워크아웃이 불가능했다.

그러나 국내채권자들은 대우 때와는 달랐다. 하나은행에 법정관리 신청 준비를 요구했다. 해외채권을 비싸게 되사줄 바에야 법정관리로 가겠다는 뜻을 확실히 밝힌 것이다. 이런 전략은 나름대로 효과를 본 듯했다. 국내채권자 측에서 SK해외채권협상을 자문했던 마크 워커 Mark Walker 변호사(그는 대우그룹 해외채권협상에서도 국내채권자를 자문했다)가 해외법률 전문지에 기고했던 글을 발췌한 내용을 보면 더 분명해진다.

법정관리 신청 위협 threat of a filing은 해외채권자를 협상으로 끌어들이는 강력한 수단이었다.

사전조정제도의 가능성은 해외채권자에게도 위협적이었다.

이런(법정관리 신청 위협) 전략은 채권자 간 공평한 손실분담 a fair sharing of

burden sharing을 유도하는 데 기여했다.[1]

해외채권협상 과정에서 워크아웃제도의 허점을 보완한 도산법제도의 정비가 국내채권자의 협상력을 제고시킨 사례다. 게임이론 용어로 말하자면 통합도산법이 비록 국회 통과 이전의 단계에서도 그간 한국을 만만히 봐왔던 해외채권자들에게 '신뢰할 만한 위협' 수단이 되어준 셈이다.

워크아웃과 공적자금

워크아웃이 기업구조조정 수단으로 광범위하게 활용되기는 했지만 처음부터 효과적으로 작동한 것은 아니었다. 1998년 고려합섬을 시작으로 55개 기업이 워크아웃에 들어갔지만 2000년 중반까지도 눈에 띄는 효과는 없었다. 기업 회생을 위해 과감한 채무조정이 이뤄져야했지만 금융기관들은 소극적이었다.

채무조정에 가장 효과적인 방법은 채권은행이 가진 채권을 주식으로 바꿔주는 '부채의 자본전환debt-equity swap'이다. 회사 입장에서는 금융 부담이 줄고, 채권은행 입장에서는 회사가 살아나면 높아진 주가로 보상받는 윈윈전략Win-Win Strategy이 될 수 있다. 그러나 이는 당장 장부에 특별 손실을 기재해야 할 채권은행 입장에서는 부담스러운 일이

표 4-3 기업구조조정 수단별 대상 기업의 총자산 대비 이자 비중 비교　(단위: %)

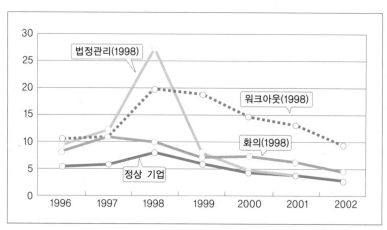

기업구조조정이 워크아웃 중심으로 이뤄졌음에도 워크아웃이 처음부터 순조롭게 진행되지는 않았다. 1998년 워크아웃에 들어갔던 기업들은 같은 시기 화의나 법정관리에 들어갔던 기업들보다 여전히 높은 이자 부담을 안고 있었다. 법원 결정에 의해 채권감액조치(헤어컷)가 이뤄지는 화의나 법정관리에 비해 워크아웃의 경우 채권금융기관의 채무조정 기피가 심했기 때문이었다. 이런 현상은 2000년 말 추가공적자금이 조성되기 전까지 지속됐다.
*자료 출처: 김준경[2]

다. 당시 금융권 관행은 성공에 대한 보상보다는 실패에 대한 책임을 심하게 묻는 쪽이었다. 이런 관행은 금융기관의 위험 회피를 조장하게 된다.

2000년 이전까지 워크아웃 기업들의 이자부담비율(자산 대비)이 오히려 법정관리 기업들보다 높았던 것도 그 때문이다. 은행들은 스스로 알아서 기업의 이자를 깎아주려고 하지 않았다. 은행 입장에서는 법원이 정해주는 채무조정이 수용하기 쉬웠던 측면이 있었을 것이다.

이런 상황은 대우 12개 계열사에 대한 워크아웃이 시작되면서 더욱 심해졌다. 당초 6대 이하 그룹 처리를 위해 도입된 워크아웃에 덩치

표 4-4 워크아웃 기업의 부채 규모(신고 기준) (단위: 억 원)

	1998	1999	2000	합계(비율)
대우	0	665,767	0	665,767(64.1)
비대우	333,817	15,838	22,536	372,191(35.9)
합계(비율)	333,817(32.2)	681,605(65.6)	22,356(2.2)	1,037,958(100.0)

1999년 8월 대우에 대한 워크아웃이 시작되면서 채권은행들의 채무조정 기피 현상은 더욱 심해졌다. 당초 6대 이하 그룹 처리를 위해 도입된 워크아웃에 덩치 큰 대우 계열사들을 넣자 제도에 과부하가 걸린 것이다. 2000년 말 워크아웃 기업 부채는 모두 103조 8000억 원이었는데 이 중 대우 계열사가 66조 6,000억 원, 즉 64퍼센트를 차지했다.
*자료 출처: 금융감독위원회

큰 대우 계열사들을 넣자 제도에 과부하가 걸린 것이다. 2000년 말 워크아웃 기업 부채는 모두 103조 8,000억 원이었는데 이 중 대우 계열사가 66조 6,000억 원, 즉 64퍼센트를 차지했다. 이제 채권금융기관 입장에서는 워크아웃이 잘못되면 한 해 수익을 줄이는 정도가 아니라 은행의 존립마저 위협하는 상황이 된 것이다.

이런 은행의 딜레마를 해결해준 것이 공적자금이다. 워크아웃이 본격 가동되기 시작한 것은 2000년 중반 이후. 대체로 공적자금 추가 조성 문제가 공론화되기 시작한 시점과 일치한다. 공적자금 추가 조성이 워크아웃을 제대로 작동할 수 있게 해준 것이다.

이를 1장에서 논의했던 주인-대리인 이론으로 설명해보자. 주인은 정부, 대리인은 채권은행이다. 정부는 과감한 채무조정을 원하지만 은행 입장에서는 자신의 이익이 우선이다. 회사가 회생하면 은행도 이익이 되겠지만 그 과정에서 비용(보유채권의 특별상각)이 든다. 더구나 굳이 정부가 바라는 만큼 과감한 채무조정을 하지 않더라도 여건이 좋아지면 회사가 회생할 수도 있다. 게임이론 용어를 사용하면 불완전정보 상황이다.

주인인 정부가 위험기피 성향을 갖고 있는 대리인인 은행을 원하는 대로 움직이려면 은행의 위험을 어느 정도 덜어주어야 한다. 더욱이 대우 처리까지 떠맡게 된 은행은 부실 처리가 잘못되면 자기자본이 잠식돼 생존마저 위협받을 수 있다고 느낀다. 은행의 위험기피 성향이 더 극심해지는 것이다. 해법은 은행이 져야 할 위험을 정부가 덜어주는 것이다. 공적자금이 바로 은행의 자본 잠식을 메워주는 역할을 했다.

이런 공적자금의 역할은 이헌재 전 재정경제부 장관의 회고록에서도 언급된다(그럼에도 2000년 초 이헌재 장관은 추가 공적자금의 필요성을 공식적으로 부정했다).

빠듯했던 공적자금. 나쁜 점만 있었던 것은 아니다. (중략) 부족한 공적자금 덕에 '자기책임의 원칙'만은 지켜진 셈이다. 아쉬운 점은 응급수술이 어려웠다는 것이다. 공적자금을 집중 투입해야 할 순간에도 머뭇거리게 됐다. 그 바람에 단시간에 도려낼 수 있는 상처가 덧나는 경우가 꽤 있었다.

－《위기를 쏘다》[3]

정부가 추가 공적자금 조성 계획을 공식적으로 밝힌 것은 2000년 8월

이헌재 장관의 후임으로 진념 재정경제부 장관이 임명되고부터다. 진념 장관은 내정 직후 첫 기자회견에서 "추가 공적자금 조성이 필요하다"고 밝혔다. 추가 공적자금 조성안은 그해 연말 국회를 통과한다.

워크아웃의 재조명

워크아웃은 런던협약을 벤치마킹했다. 런던협약은 돈을 빌려준 채권은행들이 일정 기간 동안 채권행사를 유예한 뒤, 해당 기업에 대한 구조조정 여부를 자율적으로 협의하는 절차를 신사협약으로 정한 것이었다. 런던식 워크아웃에서는 채권단 간 이견이 생길 때 중앙은행인 영란은행이 배후에서 조정자 역할을 담당했다.

그러나 우리의 워크아웃은 처음부터 런던식보다 정부의 역할이 컸다. 비록 금융감독위원회(이하 금감위. 2008년 금융위원회로 개편됐다.)가 직접 개입하지는 않았지만, 채권단의 이견조정기구로 설치된 기업구조조정위원회가 사실상 정부와 긴밀한 관계를 가지며 활동했다. 금감위는 금융기관에 대한 감독권을 적극 발동해 기업구조조정위원회의 조정 활동을 뒷받침하곤 했다. 한편 정부의 공적자금 투입을 통해 정부가 대주주로 있는 채권은행에 대한 정부의 영향력은 클 수밖에 없었다.

워크아웃을 법제화한 기촉법에서는 아예 정부의 역할이 더 공식화됐다. 워크아웃을 개시하기 위한 채권자협의회를 소집할 때 반드시 금융감독원장에게 신고하도록 의무화한 것이다. 물론 의견 조정은 채권단협의회를 통해 이뤄지지만, 그 과정을 금융감독 당국이 모두 모니터링하게 돼 있다. 묵시적이지만 정부의 중재자적 역할이 개입되는 상황까지 염두에 두고 있는 것이다.

비록 법제화됐더라도 기촉법상의 워크아웃도 사적합의인 워크아웃의 한계를 벗어나기는 어렵다. 기본적으로 국내금융채권자에게만 적용되므로 해외채권자와 협력업체 물대 등 상사채권까지 모두 포함하는 법정관리와는 그 범위에 있어 차이가 있을 수밖에 없다. 법적 기속성 면에서도 법원의 강제명령권에 토대를 둔 법정관리와 채권단협의회의 합의를 위배한 채권자에 대해 위약금을 물리는 정도의 기촉법 간에는 현격한 차이가 있다.

그럼에도 워크아웃이 기촉법의 연장, 재연장을 통해 지금도 작동하고 있는 이유는 무엇일까. 워크아웃이 법정관리보다는 신축적이기 때문이겠지만, 이번 장의 논의는 워크아웃의 신축성이 더 근원적으로 법정관리에서 비롯되고 있음을 보여준다. 금융채권자라도 모두 이해관계가 같을 수는 없다. 특히 소액채권자일수록 기업구조조정에 참여하여 당장 채권감액조치(헤어컷)를 당하는 것을 좋아할 유인이 적을 것이다. 이런 소액채권자를 설득해 기업구조조조정을 성사시켜야 할 주채권은행의 입장에서는 제대로 작동이 되는 법정관리가 최후의 보루다. 법정관리가 제대로 작동된다면 소액채권자도 워크아웃이 성립하지 않을 경우 곧바로 법정관리를 신청할 수밖에 없다는 점을 알고 있기 때문이다. 제대로 된 법정관리는 소액채권자에게도 마지막 보루가 될 수 있다. 만약 워크아웃이 소액채권자에게 법정관리에서 얻을 수 있는 이득만큼도 제공해주지 않는다면 소액채권자들은 절대 워크아웃에 합의해주지 않을 것임을 워크아웃 계획을 주관하는 주 채권자들도 인지하고 있을 것이기 때문이다.

그렇다고 워크아웃제도 자체를 소홀히 해서는 안 된다. 워크아웃도 법정관리제도 이상으로 제대로 작동돼야 한다. 비록 소액채권자와 상사채권자(협력업체 등)와의 형평성 문제는 여전히 남아 있지만 기업구조조정의 시기를 놓치면 모든 채권자들은 더 큰 손해에 직면할 수밖에 없다.* 기촉법은 금융채권자들에게만이라도 법정관리에 가기 전에 합의할 수 있는 기회를 한 번 더 제공하는 것이다. 이런 점에서 이제는 현행 한시법인 기촉법을 항구화하는 것을 적극 검토해야 한다. 바로 워크아웃이 법정관리와 공생관계에 있기 때문이다.

---

* 워크아웃이 성립되면 대체로 채권액의 10~20퍼센트 범위 내에서 신규자금이 공급되고, 이 자금으로 협력업체에 물대가 지불된다. 따라서 협력업체는 워크아웃에 따른 헤어컷을 감내해야 하는 금융채권자에 비해 손실부담이 적다는 비판이 제기될 수 있다.

5장

대우에 비상벨이
울리고 있다

김우중 회장의 억울함?

2014년 김우중 전 대우그룹 회장이 자서전 격으로 책 한 권을 냈다. 하지만 필자는 그 책을 보지 못했다. 아니 사실은 일부러 안 봤다는 말이 더 적합할 것이다. 한 신문사 경제부장이 전화로 김우중 회장이 책에서 "대우그룹은 '경제관료'에 밉보여 기획해체됐다"고 주장한다며 내 의견을 물어왔기에 신간 발간 소식을 알았다.

나는 "대우그룹 해체는 옳고 그르고 여부를 떠나 현실적으로 불가피했다"는 취지로 대답했다. 대우그룹 워크아웃이 진행된 지 벌써 15년이 훌쩍 지났다. 그런데 김우중 회장이 지금까지 '기획해체설'이라며 억울해한다는 건 무슨 의미인가. 역설적으로 말하면 그 당시 대우의 경영권 유지에 끝까지 매달렸다는 얘기다. 그렇다면 김 회장의 당시 판단을 어떻게 설명할 수 있을까.

끝까지 강수, 허세 부리기 전략

두 사람이 단판 승부의 포커 게임을 하고 있다고 하자. 게임은 다음과 같이 진행된다. 속임수가 없다면 베팅의 선수先手를 쥐고 있는 사람은 자신의 패를 상대방은 모르는 정보라고 믿고 베팅 여부와 규모를 결정한다. 상대방은 선수의 베팅을 보고 난 뒤 받아줄지 기권할지 결정한다. 선수가 가진 정보는 선수만이 가진 일방적(비대칭적)정보다. 그러니까 이 게임은 상대방은 선수의 베팅 신호를 보고 선수의 패를 가늠해본 뒤 자신의 행동을 결정하는, 이른바 비대칭정보하의 신호 보내기 게임이다.

이 게임에서 선수는 어떻게 행동할까. 만약 패가 확실히 좋다면 자기가 가진 전부를 거는 '올인'전략이 당연할 것이다. 만약 어중간한 패라면 얘기가 조금 복잡해진다. 확률적으로 따져봐야 하기 때문에 복잡하긴 하지만, 이 경우에도 답은 있다.* 그런데 만약 패가 영 신통치 않아서 상대방에게 질 확률이 100퍼센트라고 한다면 어떨까. 역시 자기가 가진 전부를 거는 것이 정답일 것이다. 상대방에게 약하게 보이면 상대방의 강수를 유발해 자신은 아무것도 얻지 못한다. 하지만

---

*　이 경우 정답은 올인전략과 상대방에게 베팅 기회를 넘겨주는 '콜' 전략을 섞어서 구사하는 혼합전략이다. 사실 단판 승부에서는 상정하기 어렵지만, 같은 판을 여러 번 반복하는 경우에는 생각할 수 있는 전략이다. 존 내시는 이처럼 확률을 동원한 혼합전략까지 고려한다면 모든 게임에서 게임 참여자가 더 이상 좋은 결과를 얻을 수 없는 상황, 이른바 내시균형에 도달할 수 있음을 수학적으로 증명했다. 내시균형을 입증한 공로로 내시는 1994년 노벨경제학상을 수상했다.

강하게 보이면 혹시라도 상대빙이 (겁을 먹고) 물러나 내가 이길 수 있는 확률이 조금이라도 있다. 이름하여 허세 부리기 전략이다. 그런데 이 게임에서 선수의 허세 부리기 전략이 선수 입장에서 합리적일 수 있으려면 두 가지 전제가 동시에 충족돼야 한다. 첫째, 선수가 가진 정보가 비대칭정보며 둘째, 선수가 진실을 밝히면 그 자신은 빈털터리가 된다는 조건이다.

이를 김우중 회장의 대우그룹에 적용해보자. 만약 대우그룹 경영 상황이 자신만 알고 있는 비대칭정보였으며 김우중 회장이 경영 상황을 솔직히 밝히면 경영권을 전부 뺏기는 상황이었다면 선택은 자명해진다. 바로 '끝까지 강수를 두는 것'이다. 여기서는 비대칭정보가 실제로 김우중 회장만 알고 있던 정보였느냐라는 사실관계보다도 실제로 김우중 회장이 그렇게 믿고 있었느냐가 핵심이다. 결국 최종 전략의 선택은 김우중 회장 자신에게 달려 있었기 때문이다. 과연 당시에 이 두 가지 전제가 충족됐다고 할 수 있을까. 당시 현장을 경험했던 필자의 대답은 "그렇다"다. 그 이유를 하나하나 살펴보자.

김우중 회장만 아는 대우 경영 상황

1998년 11월쯤으로 기억한다. 청와대 경제수석실 총괄행정관으로 근무하던 시절이었는데, 청와대 본관 부속실로부터 급한 전갈을 받았다.

김우중 회장과 면담이 있으니 급히 면담 자료를 준비하라는 것이었다. 전국경제인연합회(이하 전경련) 회장 자격이라면 소관수석실인 경제수석실을 통했을 텐데, 당시 강봉균 경제수석은 면담 사실을 모르고 있었다. 대우그룹 차원의 문제인 것으로 짐작하고 보고서를 만들기 시작했다. 청와대 방계조직이었던 경쟁력기획단의 권혁세 팀장(후 금융감독원장)으로부터 긴급하게 자료를 건네받았다. 이런 상황을 예측했던 것은 아니지만 경쟁력기획단에서는 5대 그룹 구조조정의 시급성을 파악하기 위해 대우의 재무 상황을 나름대로 분석하고 있던 터였다.

당시 정리한 보고서의 내용은 대체로 다음과 같았다. "대우그룹의 매출이 계속 늘어나 외형면에서는 삼성을 제치고 재계 2위를 차지하고 있지만 영업이익이 이자를 갚지도 못할 정도로 낮아져 있다. 수출은 늘어났지만 해외 현지법인에 대한 외상매출이다 보니 오히려 운전자금이 더욱 많이 필요해졌고 따라서 이자비용도 늘어났기 때문이다. 이자를 갚기 위해 다시 빚을 내야 하는 상황에 처해 빚이 눈덩이처럼 불어나고 있다. 급속한 외형 확장의 뒷면인 대우의 빚 문제를 주목할 필요가 있다." 이런 분석을 바탕으로 대우 문제 해결의 열쇠는 과감한 구조조정뿐이라는 건의도 덧붙였다.

그러나 분석 자료가 준비돼 있다고 하더라도 단 하루 만에 대통령 보고서를 만들기는 쉽지 않은 일이다. 보고서를 준비해 강봉균 경제수석의 검토까지 끝낸 시각은 거의 자정 무렵. 이제 보고서를 관저에 전달하는 일도 내 몫이었다. 비서실이 있는 업무동에서 관저까지 걸

표 5-1 대우의 손익 상황 (단위: 10억 원)

	1996	1997	1998
영업이익	2,397	3,091	3,192
금융비용	2,210	2,996	5,924
당기순익	−110	135	554

대우그룹 워크아웃이 최종 결정되기 직전 해인 1998년 말 대우의 총자산 규모는 84조 원(금융부문 제외 시 77조 원)으로 삼성을 앞선 재계 2위였다. 그룹 총매출은 71조 원. 외환위기가 발생한 1997년 매출 49조 원을 25퍼센트 능가한 규모였다. 그룹 매출의 창구 역할을 하던 (주)대우의 매출은 13조 원(54퍼센트)이나 증가했다. 그럼에도 영업이익은 이자를 갚지 못할 정도로 답보 상태였다. 이자를 갚기 위해 다시 돈을 빌리는 상황에 몰리기 시작했다. 빚이 늘다 보니 이자비용도 눈덩이처럼 커져만 갔다. 특히 1998년 중에 금융비용은 거의 2배로 늘어났다. 급기야 1998년에는 급기야 당기순익마저 마이너스로 돌아서고 말았다.
*자료 출처: 금융감독위원회

어가려면 빨라도 10분은 걸린다. 군데군데 경호초소도 지나야 한다. 컴컴한 밤중에 무장한 경호원이 있는 비탈길을 올라가는 일은 결코 기분 좋은 일은 아니었다. 겨우 본관 당직실에 자료를 맡기고 업무동으로 내려오며, 이렇게 급하게 면담을 성사시킬 수 있는 김우중 회장의 힘을 새삼 느꼈다.

더욱이 시장의 반응은 대마불사를 믿고 그때까지만 해도 낙관적이었다. 대우그룹이 발행한 무보증회사채와 단기기업어음은 없어서 못 팔 정도였다. 당시 현대증권이 시작한 바이코리아Buy Korea 열풍에 힘입어 불붙기 시작한 펀드시장에서 대우채권은 최고 인기 종목이었다. 총 펀드 규모가 약 250조 원이었는데 그중 약 200조 원 정도의 펀드가 대우채권을 포함하고 있었다. 당시 구조조정 중인 은행, 종금사 등 금융회사들이 기업 대출을 회수하고 있는 상황에서도 대우는 회사채시장에서 인기가 많아 오히려 빚을 늘려갈 수 있었다. 1998년 1월부터 9월까지 대우가 기업어음과 회사채 발행을 통해 조달한 금액은 총 21조 2,000억 원. 당시 대우의 총차입금 47.7조 원의 절반에 달하는 수준이었다.

급기야 정부가 나섰다. 1998년 7월 25일 금감위가 금융기관의 단기기업어음 보유를 제한하는 조치를 내놓은 세 달 뒤에 금감위는 다시 회사채에 대해서도 동일한 조치를 취했다. 그때까지 대우그룹의 자금 조달 통로였던 회사채와 기업어음 발행에 물리적이나마 제한을 두겠다는 것이었다. 그동안 공개보고서를 내지 않았던 노무라증권사가 이례적으로 대우의 워크아웃 가능성을 내비친 〈대우에 비상벨이 울리고 있다Alarm bells ringing for the Daewoo Group〉라는 시장보고서를 낸 것도 바로 이 시점이었다.

그럼에도 대우에 대한 시장의 반응이 바뀌기까지는 반 년 이상이 걸렸다. 결정적 계기는 1999년 6월 삼성자동차에 대한 전격적인 법정관리신청이었다. 대우가 자금 융통을 기대한 마지막 보루였던 대우전자와 삼성자동차 간 빅딜이 무산된 것이다. 이를 기점으로 대우는 걷잡을 수 없는 자금난에 휘말리게 된다. 그러나 적어도 이 시점 이전까지 시장은 여전히 대우그룹의 건재함에 힘을 실어주고 있었다. 더욱이 김우중 회장은 앞서 필자가 경험했듯이 필요하면 언제라도 대통령을 만날 수 있는 위치에 있었다. 재계를 대표하는 전경련 회장을 맡고 있었기 때문이다. 실제로 김우중 회장은 김대중 대통령을 5~6차례 만난 것으로 돼 있다. 특히 1998년 12월에는 베트남을 방문하고 있는 김대중 대통령을 하노이 현지에서 만나 부부 동반 조찬을 갖기도 했다. 이 자리에 나눴던 대화를 김우중 회장에게서 전해 들었다는 대우관계자의 회고담은 이렇다.

> 조찬에서 DJ는 묶여 있는 무역금융을 풀어달라는 김 회장의 요청에 '강봉균 수석을 불러서 이야기하겠다. 해줄 수 있는 일이라면 해줘야지'라며 긍정적 반응을 보였다고 들었다. 정치는 자신이 잘 알아서 할 테니 경제는 김 회장이 잘 이끌고 가달라는 말까지 했다고 한다.
>
> ―《금고가 비었습디다》[1]

당시 김대중 대통령의 반응이 김우중 회장이 전했다는 것처럼 긍정적이었는지 필자로서는 확인하기 어렵다. 그러나 필자 입장에서 더 중요한 것은 김우중 회장 자신의 상황 인식이다. 물론 김우중 회장도 어느 정도 경영의 어려움을 느꼈을 것이다. 그렇지 않았다면 대통령과의 부부 동반 조찬에서까지 대우 문제를 거론하지는 않았을 것이다. 그렇지만 김우중 회장은 그 어려움을 과거 대우가 헤쳐 나온 것처럼 일과성에 그칠 것임을 확신하고 있었을 것이다. 더욱이 시장이 대우그룹의 건재함에 여전히 힘을 실어주고 있는 상황이 아니었던가. 필요하면 언제든 대통령을 만날 수 있었던 김우중 회장의 입장에서 일개 '경제 관료'들이 지적한 문제점은 아주 사소한 요인에 불과했을 것이다. 이런 김우중 회장의 당시 상황 인식은 당시 김대중 대통령의 비서실장이었던 김중권의 회고에서도 잘 나타나고 있다.

> DJ가 하루는 나를 불러서 김우중 회장을 한번 만나라고 했다. 만나서
> '구조조정을 하지 않으면 안 된다. 김 회장이 대한민국을 위해서 구조
> 조정에 앞장서 달라'는 이야기를 꼭 전하라고 했다. (중략) 그러나 김 회
> 장은 자꾸 '롤오버(대출금 만기연장)만 해주면 괜찮다'고 했다.
>
> -《금고가 비었습디다》[2]

당시 대우의 경영 상황에 대한 진실은 김우중 회장만이 알고 있고,
또 알 수 있었던 비대칭정보였다. 적어도 김우중 회장 자신은 그렇게
믿고 있었을 것이다.

경영 위기 자인하면 김우중 회장은
모든 걸 잃는다?

김우중 회장의 대우그룹이 경영 상황을 직시했더라면 대우그룹 전체는
아니더라도 일부 계열사를 중심으로 소그룹의 형태를 유지할 수 있었
을 것이라는 아쉬움 섞인 견해가 있다. 대우중공업, 대우건설, 대우인
터내셔널 등의 대우 계열사들이 외환위기 이후 괄목할 만한 경영 성적
을 내고 있는 점을 보면 충분히 그럴 법한 얘기다. 그러나 현실적으론

표 5-2 대우그룹 회계 실사 결과 (단위: 조 원)

	1999년 6월 말 기준 순자산*		차액(B-A)	회계부정 규모
	실사 전(A)	실사 후(B)		
(주)대우	2.6	-17.4	-20.0	14.6
대우자동차	5.1	-6.1	-11.2	3.2
대우중공업	3.1	1.0	-2.1	2.1
대우전자	0.7	-3.0	-3.7	2.0
대우통신	0.3	-0.9	-1.2	0.6
소계	11.8	-26.4	-38.2	22.5
기타 7개 자회사	2.5	-2.2	-4.7	0.4
합 계	14.3	-28.6	42.0	22.9

* 순자산 = 자산-부채

대우그룹에 대한 실사는 1999년 10월부터 약 4개월간에 걸쳐 진행됐다. 실사 결과 자산은 59.8조 원, 부채는 89조 원으로 자본잠식 규모는 29.2조 원에 달했다. 1999년 6월 장부가액과 비교하면 자산은 32.1조 원이나 감소하고 부채는 11.2조 원 증가했다. 자산을 부풀려 계상했던 것이 주원인이었다. 이와 같은 회계부정 규모는 22.9조 원에 달했다. 특히 밀어내기 수출이 많았던 (주)대우의 회계부정 규모가 컸다. 이런 실사 결과를 토대로 법원은 2005년 김우중 회장에게 21조 4,484억 원의 추징금을 선고했다.

*자료 출처: 금융감독위원회

불가능한 일이었다고 생각한다.

우선 워크아웃 결정 뒤 실사 과정에서 드러난 대우의 경영 상황은 상상 이상이었다. 실사 전 회계장부엔 14.3조 원이라고 적혀 있던 순자산이 실사를 해보니 완전잠식을 넘어 28.6조 원이나 부족한 것으로 드러났다. 재계 2위 대우의 외형이 자기자본 한 푼도 없이 빚으로만 이뤄졌다는 사실이 확인된 것이다. 부채 규모도 당시 금감위가 파악하고 있던 50조 원을 훨씬 넘어 89조 원에 달했다. 반면, 대우의 자산 가치는 60조 원. 분식회계의 규모만 약 23조 원이었다. 대우에 대한 가장 비관적 추정도 넘어선 수치였다.

실사 후의 민낯이 실사 전 회계장부와 현격히 차이 났던 계열사는 단연 대우 세계경영의 중심이었던 (주)대우와 대우자동차였다. 그런데 세계경영과 직접 관련이 없다고 생각되던 대우전자마저 회계장부상의 순자산 7,000억 원이 실사를 해보니 마이너스 3조 원일 정도로 차이가 심했다. 당시 공정거래위원회(이하 공정위)가 그룹 계열사 간 부당자금 거래 조사를 강화하자 대우자동차 부품회사를 아예 대우전자로 합병하면서 생긴 일이었다. 대우그룹의 이런 '속사정'을 알았을 사람은 대우그룹 내에서도 극소수였을 것이다. 그런 상황이라면 경영 위기를 미리 자인하는 일이 쉽지는 않았을 것이다. 더욱이 자칫 진실을 고백했다가 형사상 책임 문제로까지 번지면 수습이 더 곤란할 터였다.

게다가 경영 위기를 자인한들 김우중 회장이 경영권을 계속 행사할수 있을 것이라는 보장도 없었다. 당시엔 일단 법정관리에 들어가면 기존 경영진은 완전히 경영에서 손을 떼야 했다. 1997년까지만 해도 법정관리에 들어가도 옛 경영진이 경영권을 유지하는 길이 있었지만, 기아차가 이를 악용하는 사례가 나타나자 아예 모든 법정관리에서 기존 경영진의 경영 참여를 원천 봉쇄하도록 법이 개정됐기 때문이다.

물론 워크아웃은 법정 바깥에서 이뤄지는 구조조정 절차이므로 채권금융기관의 동의만 있으면 기존 경영진의 경영 참여도 가능할 수있었겠지만 김우중 회장 입장에선 그런 실낱같은 희망에 베팅하기가 결코 쉽지 않았을 것이다. 더욱이 대우그룹은 계열사 간 자금 거래가 다른 그룹에 비해 훨씬 복잡하게 얽혀 있었다. 어느 계열사 하나라도 법정관리 또는 워크아웃에 들어가면 다른 계열사도 고구마 넝쿨처럼 줄줄이 법정관리나 워크아웃에 들어갈 수밖에 없는 상황이었다. 일부 계열사만 추려내 김우중 회장에게 경영권을 보장해주기가 법적으로는 물론 현실적으로도 어려운 상황이었다. 이런 사실을 잘 꿰고 있었을 김우중 회장 입장에서는 일부 소그룹 경영권 보장이라는 약속이 공허하게만 들렸을 것이다.

대우그룹, 자력 구조조정의 성공 가능성?

앞서 논의했듯이, 대우의 경영 상황이 김우중 회장만 아는 비대칭정보 또한 그가 경영 위기를 자인하면 경영권을 잃어버리는 상황이라면, 김우중 회장이 선택한 허세 부리기 전략은 적어도 자신의 입장에서는 합리적일 수 있다. 그렇다고 과연 시장이 김우중 회장의 허세전략을 끝까지 받아들였을까. 물론 현실은 그렇지 않았다.

앞서 기술한 대로 1999년 6월 이후 대우의 자금 사정은 걷잡을 수 없는 상황으로 몰리게 된다. 급기야 7월 19일, 김우중 회장은 사재를 담보로 금융권에 자금 지원을 호소한다. 담보로 내놓은 사재에 김우중 회장 스스로 매겨놓은 가격표는 18조 원. 그러나 이를 담보로 대우가 지원받은 금액은 고작 4조 원이었다. 그나마도 오래가지 못했다. 시장의 외면 속에 대우는 결국 김우중 회장 사재출연 후 한 달여 만에

그림 1

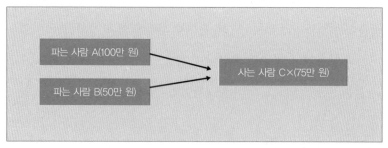

워크아웃이라는 타의에 의한 구조조정의 길을 걷게 된다.

이와 같은 시장 반응은 어쩌면 예견된 결과였다고 볼 수 있을 것이다. 중고 자동차시장의 예를 통해 이를 설명해보자. 쓰던 차를 팔려고 하는 두 사람이 있다. 관리가 잘된 차의 소유자는 100만 원을 받고 싶어 한다. 관리가 잘 안 된 차 소유자는 50만 원에라도 팔고 싶어 한다. 그런데 문제는 차를 사려는 고객 입장에선 어느 차가 좋은 차인지 알기 어렵다는 점이다. 사는 사람이 아는 정보라고는 중고차시장에서 좋은 차를 구할 확률은 50퍼센트라는 점뿐이다.

이런 가정에서 중고차를 사는 사람이 평균 예상 가격인 75만 원((100만 원×50퍼센트)+(50만 원×50퍼센트))을 제시했다고 해보자. 좋은 차 소유자는 손해라며 팔지 않을 것이다. 반면 나쁜 차 소유자는 얼른 팔려고 할 것이다. 이 경우 사는 사람은 75만 원을 내고 값에 못 미치는 나쁜 차를 사게 된다. 하지만 이런 거래를 택할 고객은 없을 것이다. 결국 이런 조건의 중고차 거래는 성사되기 어렵다.

이상의 중고차시장의 예에서 볼 수 있듯이, 아무리 관리가 잘된 차라 해도 비대칭정보가 난무하는 상황에서 사는 사람이 믿어주지 않으면 방법이 없다. 결국 거래는 성립하지 않고 시장 자체가 무너진다. 대우의 예로 돌아가자면, 김우중 회장의 허세 부리기 전략에 대해 시장은 이를 받아들이지 않았다. 결국 김우중 회장은 대우그룹의 민낯을 공개할 수밖에 없는 상황에 몰렸고, 김우중 회장 자신도 아무것도 건지지 못하고 형사책임을 지는 처지까지 가고 말았다.

만약 대우가 구조조정을 뒤늦게나마 시도했더라면 그룹 규모가 줄어들더라도 생존할 수 있는 가능성은 있었을까. 아무리 후견지명_{後見之}明이라 할지라도 이 질문에 답하기는 쉽지 않다. 다만 게임이론으로 살펴본다면 적어도 그럴 가능성은 있었다고 본다. 이를 알아보기 위해 앞선 중고차시장의 예로 다시 돌아가보자.

이제 사는 사람의 입장에서 단순히 가격을 제시하기보다는 다음과 같은 조건부 가격을 제시했다고 하자. 즉 '자동차를 사기 전에 일정 기간 동안의 시승을 허용하면 시승에 필요한 비용 10만 원을 얹어 110만 원에 사고, 그렇지 않을 경우 50만 원만 내겠다'는 조건부 가격. 만약 시승 중에 고장이 난다면 파는 사람이 고쳐줘야 한다는 조건도 붙어 있다. 중고차 수리비는 30만 원이 소요된다고 가정해보자.

이 경우 관리가 잘된 차 소유자는 당연히 시승 조건에 응할 것이다. 시승을 허용하지 않으면 50만 원이나 싼 가격에 팔아야 하는데 그럴 이유가 없다. 반면, 시승 기간 중 고장날 확률이 큰 차(위의 예에서는 14분의 5 이상)의 소유자라면 시승 없이 차를 팔려고 할 것이다.*

　이런 조건 제시를 통해 고객은 파는 사람이 감추고 싶었던 자신의 정보를 드러내게 만들 수 있다. 이제 사는 사람은 필요에 따라 선택할 수 있다. 시승 조건에 응하는 차라면 좋은 차임을 확신하고 110만 원을 지불할 것이다. 비록 10만 원을 더 줬지만, 이는 확실한 정보를 얻는 비용으로 간주할 수도 있을 것이다. 반면, 시승 조건에 응하지 않는 차는 나쁜 차일 것이 분명하지만, 그만큼 싸게 사는 것이라 큰 불만이 없을 것이다. 결국 사는 사람이 제시한 조건은 파는 사람들로 하여금 자기 정체를 드러낼 수밖에 없는 상황을 만들었다. 사는 사람은 파는 사람이 이 조건에 어떻게 반응하느냐를 먼저 살펴보고 선택한다.

　이제 다시 대우로 돌아가보자. 앞서 논의했듯이, 대우의 긴박한 경영 상황은 김우중 회장만이 알고 있는 비대칭정보였다. 이 상황에서 대우의 경영 상황을 완전 공개하지 않고서도 시장이 대우그룹의 진면목을 판단할 수 있게끔 하는 방법은 무엇이었을까. 필자는 기업 스스로 구조조정의 길을 밟을 수밖에 없는 객관적 상황을 만들고, 이 상황에서 기업이 어떻게 하느냐를 통해 시장이 최종 판단하게 하는 것이

＊　계산 방식은 다음과 같다. 나쁜 차의 시승 중 고장 확률을 a라 할 때, 나쁜 차 소유자는 $(1-a)$확률로 100만 원(110만 원에서 시승 비용 10만 원을 제외한 비용)을 받지만, a확률로 40만 원(시승 비용 10만 원+수리 비용 30만 원)을 지불해야 한다. 이렇게 해서 얻은 이익이 50만 원을 넘지 않는다면 오히려 손해 보는 장사이기에 시승 없이 차를 팔고 싶을 것이다. 즉 나쁜 차 소유자가 시승을 허용해 얻을 수 있는 예상이익 $(100×(1-a)-40×a)$가 시승 없이 얻을 수 있는 이익(50만 원)보다 작아질 때의 a값을 구하는 것이다. 이때 a값은 14분의 5 이상일 때다.

유일한 해법이었다고 생각한다.**

　실제로 정부는 이런 경로를 택했다. 1988년 하반기에 들어서서 정부는 대우를 포함한 당시 5대 그룹이 모두 구조조정을 할 수밖에 없는 상황을 만들어나가기 시작했다. 앞서 언급했던 1998년 7월과 10월에 있었던 금융기관 CP와 회사채 보유 한도 제한은 그 첫 번째 조치였다고 볼 수 있을 것이다.

　공정위의 부당내부거래 단속 강화도 한몫을 했다. 1998년 공정거래법이 계열사 간 상호지급보증을 금지하고 2000년까지 기존 지급보증도 해소하도록 개정됐다. 이어 공정위는 부당내부거래에 대한 제재를 강화했다. 조사 빈도가 많아졌을 뿐 아니라 과징금 규모도 커졌다. 외환위기 이전 1억 원을 넘지 않았던 과징금은 2000년엔 2,000억 원에 이를 정도로 커졌다. 재벌이 손쉽게 자금을 구하던 일이 어려워지기 시작한 것이다.

　역시 가장 큰 압박 조치는 부채 비율 200퍼센트였다. 구체적인 방법은 그룹 스스로에 맡겼지만, 2년이라는 시한을 제시해 부채 비율을 200퍼센트 밑으로 낮추도록 압박했다. 이행 상황을 대통령 앞에서 분기별로 점검받게 함으로써 시장이 구조조정의 이행 상황을 투명하게

** 물론 이 경우에도 대우의 경영 정보가 완전 공개돼 실사 결과와 동일한 상태로 최종 확인됐다면, 자력 구조조정이 이뤄졌더라도 결과는 마찬가지였을 것이다. 그러나 당시 여전히 미약하지만 불완전정보 상황이 지속되고 있었다. 대우가 성실한 구조조정으로 회생의 의지를 보였다면 올인전략과 콜전략을 섞어서 구사하는 혼합전략이 해법이 될 수 있는 것처럼 시장이 받아들일 가능성은 있었을 것이다.

표 5-3 5대 그룹 구조조정 현황(1998년 말과 1999년 상반기)

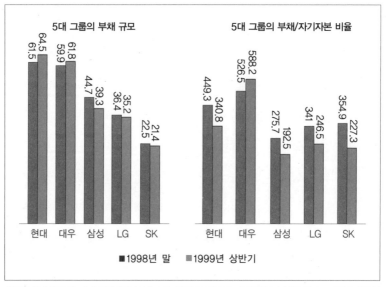

1998년 12월 8일 정·재계 간담회에서 5대 그룹 회장들은 김대중 대통령에게 부채를 줄이고 자본을 확충함으로써 1999년 말까지 부채 비율을 200퍼센트 내로 줄이겠다고 공개적으로 약속했다. 아울러 채권은행들이 자신들의 구조조정 진척 상황을 점검하게 했다. 6개월이 지난 1999년 상반기 실적, 삼성, LG, SK의 부채 규모가 줄어들면서 부채 비율도 급속히 낮아지기 시작했다. 비록 현대는 부채는 늘었지만 외자유치에 성공해 자본이 늘어나면서 부채 비율은 줄었다. 그러나 대우의 경우는 부채 규모가 늘어나면서 공언했던 자본유치에도 큰 진전을 보이지 못함에 따라 부채 비율마저 늘어났다. 5대 그룹 중 유독 대우의 구조조정이 이뤄지지 않고 있다는 사실이 공개적으로 알려지게 된 것이다.

*자료 출처: 금융감독위원회

지켜볼 수 있도록 했다.

　이제 선택은 기업의 몫이 됐다. 앞서 중고차시장의 좋은 차 소유자의 경우처럼 당장은 어렵지만 미래에 자신 있는 기업이라면 '향후 2보 전진을 위한 1보 후퇴'의 심정으로 구조조정의 길을 택할 것이다. 반면, 미래에 자신 없는 기업은 앞서 나쁜 중고차 소유자의 경우처럼 힘든 구조조정보다는 쉽게 자금을 구해 당장의 위기를 넘기는 선택을 할 가능성이 높을 것이다. 한편, 시장은 기업의 선택 여부를 보고 기업의 회생 가능성 여부를 판단하게 된다. 시장의 판단 기준은 그룹별로 내놓은 구조조정계획이 얼마나 과감한지와 현실성 여부, 이행 상황 등이었다.

이런 선택의 기로에서 아쉽게도 김우중 회장의 대우는 나쁜 중고차 소유자의 선택을 택했다. 5대 그룹 중 유일하게 지속적으로 구조조정을 지연하는 길을 택한 것이다. 시장은 대우의 구조조정 진척 진도를 보고 대우의 진면목을 판단했다. 대우가 구조조정을 계속 지연시키는 과정에서 대우에 대한 시장 신뢰는 정부도 어쩔 수 없는 상태로 악화되어만 갔다.

대우가 해체된 건 시간싸움에서 졌기 때문이다. 1999년 7월까지 대우는 구조조정에 소극적이었다. 자산매각이든 외자유치든 5대 그룹 중 꼴찌였다. (중략) 시장은 늘 꼴찌부터 삼킨다. 동물의 세계와 마찬가지다. 대우는 그런 시장의 법칙을 외면했다. 7월 19일에야 김우중 회장이 "모든 것을 던지겠다"고 나섰지만 너무 늦고 말았다. 열흘 뒤인 28일, 김 회장은 영국으로 떠났다. 자포자기한 심정이었을 것이었다. 그리고 그 '음독 시도' 루머가 들려왔다.

－《위기를 쏘다》[3]

대우 워크아웃, 잃은 것과 얻은 것

1999년 8월 26일 대우는 결국 워크아웃이라는 과정을 통해 계열사별 독자 생존의 길을 걷게 된다. 사실상 해체된 것이다. 대우 워크아웃에는 공적자금만 30조 원이 추가 투입됐다. 여기에 포함되지 않은 대우 무담보채권을 소유했던 개인투자자, 하청업체가 입었던 추가 손실까지 더하면 국민경제가 부담한 비용은 그 이상이다. 회수율이 가장 낮을 수밖에 없는 무담보채권에 적용된 평균 할인율이 35퍼센트였으니, 대우가 진 빚 89조 원의 절반 정도는 국가경제에 부담이 됐다는 추론도 가능하다.

도산 위험에 직면한 기업의 처리를 미루면 미룰수록 그 피해는 커지는 법. 대우의 워크아웃을 단 몇 개월만이라도 앞당길 수 있었다면 국가경제에 끼친 손실을 줄일 수 있었을 것이다. 그러나 대우에 대한 비대칭정보가 지속되는 상황에서 과연 이런 추론이 얼마나 현실성이 있었을까. 한계가 있었을 것이다. 대우의 경영 정보를 강제로 공개하는 것이 법적으로도 불가능했던 상황에서 정부는 대우 스스로 구조조정을 할 수밖에 없는 여건을 조성하는 차선의 방법을 선택했다. 자연히 시간이 걸릴 수밖에 없었다. 만약 결과가 좋았으면 몇 개월 정도의 시간 지연은 비대칭정보로 인한 시장 왜곡을 해소하는 비용으로 치부할 수도 있었겠지만 불행히도 결과는 나빴다. 그리고 이는 결국 국가경제의 부담으로 귀결됐다.

그럼에도 대우는 많은 것을 남겼다. 그때까지 우리 경제에서 생소했던 기업구조조정 방법을 우리 금융기관들도 생생하게 체득하는 계기가 됐다. 빚 많은 회사라도 이를 회생가능한 '굿 컴퍼니Good Company'와 부실채권을 떠안는 '배드 컴퍼니Bad Company'로 나누면, 적어도 굿 컴퍼니는 시장의 신뢰를 신속히 회복할 수 있다는 점도 확인됐다. 당시 회사에 대한 빚을 주식으로 전환했던 산업은행을 비롯한 금융기관들은 대우 계열사가 살아남에 따라 오히려 특별 이익을 얻기도 했다.

대우가 남긴 가장 주목해야 할 유산은 제도 변화였다. 특히 회계의 투명성이 높아졌다. 대우그룹의 회계감사를 담당했던 산동회계법인은 결국 파산했다. 회계감사를 잘못한 공인회계사는 민사상 책임뿐 아니라 형사상 책임까지 지도록 제도도 바뀌었다. 회계부정에 대한 사회 인식도 엄격해졌다. 이제 대규모 분식회계가 재발될 가능성은 거의 없다고 봐야 할 것이다. 회계가 투명해지면서 부실 경영을 숨기는 일은 손바닥으로 하늘을 가리는 격이 됐다. 이제는 대우 때처럼 오너 경영진만 갖고 있는 비대칭정보가 사실상 존재하기 어렵게 되어버린 셈이다.

또 하나의 변화는 일명 통합도산법의 제정이다. 도산법은 기존의 파산법·화의법·회사정리법 등 도산3법을 한데 묶어 도산에 처한 기업과 개인의 회생을 다루는 종합입법이다. 정식 명칭은 '채무자 회생 및 파산에 관한 법률'이다. 정부안은 대우 워크아웃이 한창 진행 중이던 2002년 11월에 마련됐지만, 국회를 통과한 시점은 그로부터 3년

반이 지난 2006년 6월이었을 정도로 우여곡절을 거친 법안이었다.

도산법 제정으로 가장 달라진 변화 중 하나는 기존 경영진에 대해 원칙적으로 경영권을 유지할 수 있도록 한 것이다. 대기업 오너의 도덕적 해이에 특히 민감하게 반응하는 우리 사회 분위기에서 볼 때 매우 획기적인 변화였다. 덕분에 파산 위험에 처한 오너가 법정관리를 신청해도 경영권을 잃고 한 푼도 못 건지는 일이 일어날 가능성은 줄었다. 회복 불능에 들어가기 전에 서둘러 기업회생절차를 시작하면 기업 회생도 비교적 쉬워지기 때문에 오너도 얻는 것이 상대적으로 많아질 수 있게 됐다.

웅진그룹이 좋은 예다. 웅진그룹 윤석금 회장은 그룹이 어려워지자 웅진코웨이를 매각하고 지주회사인 웅진홀딩스의 법정관리를 전격 신청했다. 이를 두고 일부에서는 경영진의 도덕적 해이를 지적하기도 한다. 그런 시각이 있더라도 여기서 논할 거리는 아니다. 주목할 것은 도산법 제정이 오너의 태도 변화를 유발했다는 점이다. 파산 위험에 처한 기업인의 선택을 윷판에 비유하자면 종래 '모 아니면 도'의 선택이 이제는 '개 또는 걸'의 선택으로 좁혀진 셈이다. 도산법으로 인해 우리 경제가 위기 상황에서 겪어야 하는 충격도 1997년 외환위기 때보다는 훨씬 줄어들었다.

6장

빅딜은
성공했나

5대 그룹 빅딜설

미국 현지 시각 1998년 6월 12일, 김대중 대통령의 첫 번째 외국 방문인 미국 방문의 마지막 기착지였던 로스앤젤레스. 경제수석실 실무수행원으로서 나름대로 대통령의 첫 경제외교를 보좌했다는 안도감도 잠시, 호텔에 여장을 풀자마자 난데없이 터져나온 '5대 그룹 빅딜설'에 크게 놀랐다. 서울 시간으로 6월 10일 능률협회 주최 조찬간담회에서 김중권 비서실장이 "5대 그룹 간 빅딜을 포함한 기업구조조정 방안이 수일 내에 발표될 것"이라고 발언한 것이다. 대통령 순방을 수행한 기자들로부터 질문이 쇄도했다.

대통령의 미국 방문은 외환위기 극복에 초점이 맞춰져 있었다. 새로 출범한 정부의 구조조정 의지를 외국투자자에게 확실히 각인시키겠다는 취지였다. 기업과 금융계의 구조조정, 공공부문 개혁, 노사 개혁 등 4대 개혁을 야심차게 준비해왔고, 부실금융기관과 부실기업의 퇴출 명단을 발표하는 등 구조조정의 발동도 걸어놓았다. 5대 그룹은 부채 비율 200퍼센트 목표 설정을 통한 자율구조조정, 6대에서 64대 그룹의 경우엔 워크아웃, 그리고 중소기업에 대한 약식 워크아웃 등 기업구조조정의 밑그림도 마무리된 상황이었다. 하지만 그 어디에도 '빅딜'은 없었다. 정부가 기업 팔을 꺾는 식의 '빅딜'이라니. 마음이 바빴다. 방미 수행단 직속 상관이었던 오종남 산업자원부 비서관에게 물어봤지만 금시초문이란 대답이 돌아왔다. 강봉균 당시 경제수석도 전혀 눈치채지 못한 듯했다. 하지만 다음 날인 6월 13일 김대중 대통령은 빅딜을 기정사실화한다. 로스앤젤레스에서 있었던 수행기자단 간담회 자리에서다.

"정부가 빅딜을 시켰다 안 시켰다 하는 것은 의미가 없습니다. 빅딜이든 작은 딜이든 기업은 개혁을 해야 하고 특히 5대 그룹이 나서야 합니다. 정부는 기업에 간섭할 수도 없지만 무관심할 수도 없습니다."

이로써 주사위는 던져진 셈이었다. 배석했던 박태영 산업자원부 장관도 발언을 보탰다. "구조조정의 속도가 늦다는 우려가 적지 않기 때문에 늦어도 7월 초까지는 구체적인 방안들이 나올 것으로 생각합니다."

이제는 시한까지 정해졌으므로 더 이상 지체할 수도 없었다. 김대중 대통령의 미국 방문 말미에 갑자기 수면 위로 부상했던 빅딜은 이렇게 해서 국민의정부 초기 2년 국정과제로 등장한다.

빅딜의 궤도를 바꾸다

사실 빅딜에 대해 전혀 듣지 못했던 것은 아니다. 국민의정부 출범 전인 1998년 초부터 새정치국민회의 김원길 정책위의장 등 정치권 인사들의 빅딜 관련 발언 보도가 연이어 있었고, 집권에 성공한 DJP연합의 또 다른 축인 자민련의 박태준 총재도 삼각 빅딜을 거론했다는 보도가 있었다. 그러나 1980년대 초 신군부에서나 추진됐던 발전설비일원화, 자동차일원화와 같은 강압적인 산업구조조정이 새 천 년을 앞둔 시점에, 더욱이 민주화 투사로 일생을 바친 김대중정부의 첫 작품이 될 거라고는 상상하기 어려웠다.

그러나 최고 통치자의 공개적 발언은 어떤 형식으로든 실천돼야 한다. 부작용을 최대한 줄이면서 신속하게 결과를 도출할 수 있는 방안을 마련하는 것은 참모의 당연한 책무다. '5대 그룹 간 빅딜'을 언급한 대통령의 발언을 곰곰이 되새겨보았다. 빅딜이 기업 간 인수합병 M&A이라면 시장 원리에 비춰볼 때 크게 틀린 말도 아니다. 당시 5대 그룹을 포함한 우리 기업들은 같은 업종에 서로 경쟁적으로 투자한 게 사실이었다. 이런 과잉·중복 투자가 외환위기의 구조적 원인을 제공했다는 평가가 지배적이던 시점이 아니었던가.

당시 우리 경제의 관건은 최대한 빨리 과잉 공급시설을 정리하는 것이었다. 그렇다면 인수합병은 시장 원리에도 맞는 선택이다. 인수합병이 없는 상태에서 자기 스스로 공급시설을 줄이면 시장에 남아 있는 다른 기업들에만 반사적 혜택이 돌아갈 게 뻔한데 누가 그런 선택을 할 것인가. 그렇다고 적자가 눈덩이처럼 불어나는 상황에서 버티기도 만만치 않다. 모두가 버틴다면 아무리 시장수요가 살아난다 해도 기업 간 출혈경쟁이 불가피하다.

이럴 때 나타나는 자연스러운 시장 해법이 인수합병이다. 시장의 상대적 강자가 상대적 약자에게 적당한 값을 지불하고 상대의 설비를 인수한 다음 자기 스스로 과잉 설비를 정리하는 방법이다. 설비를 줄이면 둘이 경쟁할 때보다는 가격이 올라갈 수 있다. 이런 독점적 이윤이 바로 상대적 강자로 하여금 인수합병을 추진하게 하는 동인動因이다. 정상적인 경제 상황에서 독과점은 경제에 해악을 가져올 수 있다. 그러나 불황기에 기업 간 출혈경쟁까지 하는 상황을 계속 방치해둔다면 국가경제에도 결코 도움이 되지 않는다. 우리 공정거래법에 불황 카르텔을 허용하는 예외 조치가 마련돼 있는 것도 그 때문이 아닌가.

불황기 인수합병은 자본주의의 속성이라 할 만하다. 미국의 인수합병 사례를 기록한 한 교과서에 따르면 1894년부터 1904년까지 1,800개 이상의 기업이 인수합병을 통해 93개 기업으로 정리됐다고 한다. 이 과정에서 남아 있는 기업들은 덩치가 커지게 된다. US스틸United States Steel Corporation, 스탠더드오일Standard Oil Co., 제너럴일렉트릭컴퍼니General Electric Company, GEC와 같은 대기업들이 나타나게 되는 것도 이 시기다. 그래서 그런지 이 교과서는 인수합병을 '창조적 파괴 과정'으로 표현하고 있다.

더구나 외환위기 당시는 세계적으로 기업 간 인수합병이 활발해지던 때였다. 포드자동차가 스웨덴의 볼보를 인수하고 일본의 닛산자동차를 프랑스의 르노가 인수한다는 소식도 있었다. 문제는 가격이다. 서로 다른 업종의 기업을 주고받는 사업 교환의 경우 양자의 이해관계가 일치하기도 어렵고 가격 산정도 쉽지 않다. 이를 억지로 강요한다면 1980년대 초 산업구조조정의 재판이 되지 않는다는 보장도 없었다. 범위를 좁혀 같은 업종끼리라면 조금 쉬워질 수 있었다. 동종업종간 인수합병은 기업 간 이해관계가 서로 맞아떨어질 가능성도 크고 가격 산정도 상대적으로 쉬울 것이다. 더구나 정부가 알선 역할을 한다면 시장에 맡겨두는 것보다 빠를 수 있다.

나름대로 논리가 서자 정부의 행동도 빨라졌다. 방미에서 돌아온지 한 달도 안 된 7월 4일 대통령과 전경련 회장단과의 오찬간담회에서 9개 항의 합의문이 도출된다. 그중 세 번째 항에서 빅딜이 언급된다. 빅딜을 언급한 첫 번째 공식 문건이다.

"대기업 간 빅딜은 해당 기업이 자율적으로 추진하는 것을 원칙으로 하고 정부는 사업교환이 원활히 되도록 제도적 지원 방안을 강구하는 데 노력한다."

합의 결과에 따라 재계와 정부는 비공개 정책간담회를 연말까지 이어갔다. 산업자원부는 그해 8월 재계에 반도체를 포함한 과잉중복투자 10개 업종을 예시적으로 제시한다. 이후 재계는 약 한 달간 자체

표 6-1 빅딜 관련 재계 합의 사항

업종	1998.10.7 재계 합의 내용	1998.12.7. 청와대 합의문
반도체	평가 결과 우수한 측이 책임경영 주체가 되고 지분율은 7:3으로 배분	- 1998.12.25.까지 책임경영 주체 선정→불이행 시 여신중단 회수 등 제재 조치 - 신설법인은 1999년 말까지 부채 비율 200퍼센트 이하로 개선→참여 계열은 최소 2분의 1 이상 비용 분담, 채권금융기관도 상응한 금융 조치 실행
석유화학	현대석유화학과 삼성종합화학이 단일법인 설립 (SK, LG, 대림, 롯데, 한화 존속)	- 1998.12.15.까지 실효성 있는 계획 확정 * 지분 비율은 합계 50퍼센트 이내에서 순자산 규모 비율로 배분하되, 외국투자자에게 개방 * 1999년 말까지 부채 비율 200퍼센트 이하를 목표로 외국인투자 유치와 대출금출자전환을 동시에 추진
항공기	현대우주항공, 삼성항공, 대우중공업의 항공사업부문을 분리하여 단일법인 설립(대한항공 존속)	
철도차량	현대정공, 대우중공업, 한진중공업의 철도차량 사업부문을 분리하여 단일법인 설립	
정유	한화에너지 정유부문을 현대정유에 매각(SK, LG, 쌍용은 존속)	- 채권금융기관은 외자 유치를 전제로 대출금 출자전환, 단기차입금 장기전환 등 금융 조치
선박용 엔진	삼성중공업의 선박용 엔진을 한국중공업에 이관(현대중공업의 선박용 엔진 부문은 존속)	- 사업양수도 실행계획 합의(1998.12.4.)에 따라 관련 기계설비·토지·자산 및 부채 등 일체를 한국중공업에 양도
발전설비	삼성중공업, 현대중공업 발전설비를 한국중공업에 이관	

*자료 출처: 당시 발표 자료 정리

논의를 거쳐 9월 3일, 마침내 7개 빅딜 대상 업종을 발표한다. 정부 예시 10개 업종과 일치하는 업종은 반도체, 석유화학, 항공기, 철도차량, 발전설비 등 5개였다. 나머지 정유, 선박용 엔진은 재계에서 자체

선정했다. 그나마 정유 업종은 이미 한화그룹의 한화에너지를 현대가 인수하기로 두 그룹 간 사전합의가 있었다.

　대상 업종 선정보다 더 큰 문제는 내용이었다. 재계가 마련한 인수합병 방안은 정유를 제외한 모든 업종의 기업 간 합병 비율이 동일했다. 인수합병의 목적이 과잉설비 축소인데 합병 비율이 동일하다면 누가 책임을 지고 결정한다는 말인가. 정부가 책임경영 주체를 정하라고 다그치자 재계도 움직였다. 그해 12월 7일 대통령과 채권금융기관장까지 참석한 정부-재계-금융기관 회의에서 빅딜을 포함한 '5대그룹 구조조정을 위한 합의'가 이뤄진다. 그룹별 구조조정 이행 상황은 대통령이 주재하는 회의를 통해 분기별로 점검한다는 족쇄까지 채운 채로.

　이 과정에서 빅딜 업종이 하나 더 추가된다. 삼성자동차와 대우전자의 맞교환이 그것이었다. 동종업종 간 인수합병을 대상으로 하겠다는 정부의 빅딜 방침에 돌연변이가 생긴 것이다. 그렇다고 재계가 스스로 합의했다는데 정부로서 굳이 말릴 이유도 명분도 없었다. 고소원불감청固所願不敢請의 심정으로 삼성자동차와 대우전자 간 사업교환을 합의문서에 명시하게 된다. 이때는 아무도 예상하지 못했다. 대통령 앞에서 서명한 이 합의문서가 나중에 정부의 발목을 붙잡을 줄은.

빅딜, 절반의 성공

이렇게 시작한 빅딜에 대한 사후 평가는 매우 냉정했다. 정부 자체 평가부터 그랬다. 빅딜을 주도적으로 추진할 수밖에 없었던 강봉균 장관, 이헌재 장관, 진념 경제부총리에 이어 김대중정부 마지막 재경부 장관을 지냈던 전윤철 경제부총리는 재경부에 대한 국회의 2002년 국정감사를 통해 "빅딜은 좋은 시책이 아니었다"고 밝혔다. 그리고 김대중정부 마지막 해였던 2003년 1월 17일 '국민의정부 5년 정책 평가 보고회'에서도 빅딜은 김대중정부가 추진한 국정과제 중 '뼈아픈 실책' 5대 정책과제의 하나로 선정되기도 했다.

삼성자동차와 대우전자 맞교환까지 포함한 9개 업종 중 당초 합의대로 이행된 것은 6개 업종뿐이었다. 이 중 업계 간 사전합의가 있었던 정유와, 합병 뒤 경영난을 겪었던 반도체를 제외하면 나름 성과를 낸 것은 4개 업종뿐이었다. 그중 선박용 엔진과 발전설비는 민간기업의 일부 사업부문을 당시 공기업이었던 한국중공업에 넘기는 것이었다. 결국 순수 민간기업 간 제대로 된 빅딜 성공 사례는 철도차량(합병 뒤 로템)과 항공기(합병 뒤 한국우주항공) 2개 업종밖에 없었던 셈이다.

반도체의 경우 현대전자가 LG반도체의 LG그룹 지분을 전부 인수하는 형식으로 합병(합병 뒤 하이닉스)했지만 합병 뒤 2년도 채 안 돼 하이닉스는 채무불이행을 선언해야 할 정도로 재무 상황이 악화된다.

대산석유단지에 나란히 공장을 갖고 있어 인수합병이 손쉬워 보였

표 6-2 빅딜 7개 업종 추진 결과

업종	빅딜 내용	빅딜 결과
철도차량	현대정공, 대우중공업, 한진 중공업의 관련 사업 통합	- 통합법인 설립 계약(1999.5.3.) - 기업결합 예외 인정(1999.6.30.) - 통합법인(한국철도차량) 설립(1999.7.1.)
발전설비	현대중공업, 삼성중공업의 관련 사업을 한국중공업에 이관	- 양수도계약 체결(1999.11.30.) - 기업결합 예외 인정(1999.12.29.) - 영업양수도(2000.1.1.)
정유	현대정유, 한화에너지와 한화에너지프라자 인수	- 주식양수도계약 체결(1999.4.1.) - 기업결합신고 수리(1999.8.27.) - 현대정유의 한화에너지 주식 38.8퍼센트 취득 　(1999.8.31.) 및 한화에너지프라자 합병(1999.9.1.)
반도체	현대전자의 LG반도체 인수	- 주식영수도계약 체결(1999.5.20.) - 기업결합신고 수리(1999.8.10.) - 양사 합병(1999.10.)
항공기	현대우주항공, 삼성항공, 대우중공업의 관련사업 통합	- 3사 양해각서(1998.9.1.) - 기업결합신고 수리(1999.9.30.) - 통합법인(한국우주항공산업) 설립(1999.10.1.)
선박용 엔진	삼성중공업의 관련 사업을 한국중공업에 이관	- 통합법인 설립 합작계약(1999.11.30.) - 기업결합신고 수리(1999.12.27.) - 통합법인(HSD엔진) 설립(1999.12.31.)
석유화학	1) 한화석유화학,대림산업 간 통합법인 설립 및 사업 교환 2) 현대석유화학,삼성종합화학 통합법인 설립	(1)-양사 양해각서(1999.4.15.) - 한화·대림 간 통합법인(여천 NCC) 설립 및 사업 교환계약 체결(2012.2.) - 기업결합 예외 인정(1999.12.23.) (2)는 무산

*자료 출처: 금융감독위원회

던 현대와 삼성 간 석유화학 빅딜은 투자를 희망했던 미쓰이물산三井物產株式會社이 정부의 지급보증을 요구함에 따라 결국 없던 일이 됐다. 빅딜 발표 마지막 단계에서 돌연변이처럼 등장했던 삼성자동차와 대우전자 간 맞교환은 결국 1999년 6월 30일 삼성그룹이 삼성자동차의 법정관리를 결정함에 따라 무산됐으며, 이 딜을 통해 자금을 끌어올 수 있을 것이라 기대했던 대우그룹은 자금난을 극복하지 못하고 결국 그해 8월 29일 워크아웃에 들어간다.

죄수의 딜레마로의 회귀: 정치화 비용

왜 이런 '뼈아픈' 결과가 초래됐을까. 시장에서는 잘 통하던 해법이 왜 정부가 개입하자 어려움에 빠졌을까. 재계가 초과 공급시설을 조정할 필요성을 인정하고 알아서 인수합병 대상까지 합의했으며, 정부까지 나서서 독려하면 더 신속히 진행될 수 있을 것이라고 기대했는데 말이다.

그 답을 죄수의 딜레마 게임으로 찾아볼 수 있을 것 같다. 그림 1처럼 2개의 기업이 시장에서 경쟁하고 있다고 하자. 만약 두 기업이 협력한다면 두 기업은 각각 5만큼의 이윤을 얻을 수 있다. 그러나 서로 믿지 못하면 협력이 이뤄지지 않는다. 어느 한 기업이 가격을 낮추면 다른 기업도 덩달아 가격을 낮출 수밖에 없다. 결국 두 기업은 제 살 깎기 경쟁에 휘말리게 된다. 전형적인 죄수의 딜레마 게임이다.

두 기업의 출혈경쟁 딜레마를 풀 수 있는 해법 중 하나가 인수합병

그림 1

		기업 2	
		협력	비협력
기업 1	협력	5.5	0.7
	비협력	7.0	1.1

이다. 두 회사가 합병 후의 이익을 같이 나누는 조건(더 실질적으로는 적당한 가격으로 상대 회사를 인수)으로 합병한다면 서로 가격인하 경쟁을 벌일 필요가 없다. 인수합병 조건은 양측이 서로 합의한 것일 수밖에 없다. 그렇지 않으면 합병 자체가 성사되지 않았을 것이기 때문이다.

그런데 빅딜의 경우 정부가 중간에 들어서면서 상황이 달라졌다. 서로 합병한다는 기본 방침만 정해놓고 정부가 지켜보는 가운데 인수 조건을 확정해나가는 방식을 택했기 때문이다. 이 경우 시장에서의 자율합의와는 다른 유인이 작용할 수 있다. 두 기업은 서로 상대방 기업이 정부의 압력에 굴복하기를 기다리게 된다. 버티면 더 큰 이윤을 얻을 수 있다고 생각해서다. 두 기업이 모두 버티기로 나서면 이는 '죄수의 딜레마' 상황과 같아진다. 시장에 맡겨두면 됐을 인수합병이 정부가 개입하는 바람에 불필요한 비용을 유발시켜 실패하고 만 것이다. 시장에 맡겼으면 시간이 더 걸리더라도 협력적 게임이 됐을 것이, 정부가 개입하면서 도로 비협력 게임으로 변질되고 만 것이다. 이를 정치 이슈화에 따른 정치화 비용이라고 부를 수 있을 것이다.

하이닉스 사례

1999년 1월 6일. 당시 청와대 경제수석실은 신년인사를 나눌 틈도 없이 바빴다. 이날은 구본무 LG그룹 회장과 김대중 대통령의 면담이 잡혀 있었다. 반도체 빅딜과 관련해 LG그룹이 크게 반발했던 게 바로 며칠 전이다. 채권금융기관은 LG가 당초 합의대로 인수합병 절차를 밟지 않는다면 금융 제재를 할 수 있다는 엄포를 놓고 있었다. 면담에 배석하기 위해 본관으로 출발하는 강봉균 경제수석의 얼굴에서도 긴장감을 읽을 수 있었다.

강봉균 수석은 얼마 안 돼 사무실로 돌아왔다. 보도자료를 하나 내자고 했다. LG그룹이 LG반도체 지분 전체를 현대전자로 넘기는 것에 합의했다는 아주 간단한 내용이었다. 정부와 LG 간 충돌을 피했다는 안도감과 함께 일말의 불안감이 생겼다. 당초 약속은 LG가 신설 통합법인에 30퍼센트 정도의 지분을 유지한다는 것이 아니었던가. 그래도 그런 불안을 입에 올릴 수는 없었다. '국가경제를 위해' 지분 전체를 내놓기로 했다는 구본무 회장의 '통 큰 결단'에 섭섭함이 없도록 하겠다는 대통령의 위로 말씀도 있었다고 하지 않던가.

그런데 필자의 불안은 얼마 안 있어 현실로 나타났다. LG반도체 지분을 모두 넘기겠다는 구본무 회장의 결단은 몇 달 전 재계가 발표한 7개 업종 빅딜 내용과는 차이가 있었다. 당시 반도체 빅딜 합의문은 이랬다.

"LG와 현대는 반도체 부문의 합병을 전제로 전문평가기관의 평가에 따라 양사 중 평가 결과가 우수한 측이 책임경영 주체가 되고, 지분 비율은 7대 3으로 배분한다."

7대 3배분원칙은 인수가격 산정이 당사자 간 최대한 원활하게 진행될 수 있게 하는 일종의 안전장치다. 회사를 파는 측은 최대한 많이 받으려 하고 사는 쪽은 반대로 적게 주려 한다. 그런데 파는 쪽에 신설될 합병법인의 지분을 여전히 가지게 된다면 파는 쪽도 인수대금을 지나치게 요구하기 어렵게 된다. 인수대금을 많이 주는 바람에 신설 합병법인의 재무 상황이 나빠져 회사 가치가 떨어지면 동반 손해를 볼 수밖에 없기 때문이다.

그런데 구본무 회장의 '결단'으로 이런 안전장치가 없어진 것이다. 이후 인수가격을 둘러싼 현대와 LG 간 줄다리기에 대해서는 이헌재 장관의 회고록에 잘 정리돼 있다.

가격을 두고 입장 차이도 컸다. LG는 6조 5,000억 원, 현대는 1조 원을 불렀다. 무려 5조 5,000억 원의 차이. 중재에 나섰던 전경련도 손을 들었다. 두 차례 조정 끝에 LG는 매수가격을 4조 원 안팎으로 낮췄다. 하지만 현대는 '1조 2,000억 원 이상은 줄 수 없다'고 버텼다. 그래서 결국

내(이헌재)가 나선 것이다.

인수가격을 두고 현대와 LG 모두 팽팽한 대결을 벌인 것이다. 인수가격이 최종 결정된 과정도 흥미롭다. 다시 이헌재 장관의 저서.

시간이 없다. 4월 27일 대통령이 주재하는 정재계 간담회가 열린다. (중략) "중재안이 있으십니까?", "양쪽이 제시한 가격을 산술평균합시다. 2조 6,000억 원입니다. 어떻습니까?"

《위기를 쏘다》[2]

시간 압박을 받는 정부. 정부가 결국 중재안을 낼 수밖에 없을 것을 알고 있는 두 당사자. 이 상황에서 LG와 현대는 상대방이 정부의 압박을 더 받고 있을 것이라고 생각하고 버티면 버틸수록 유리하다고 판단하지 않았을까.

정치화 비용을 치른 하이닉스는 결국 인수대금을 치르느라 자금난에 빠진다. 합병 후 닥친 반도체 불황으로 합병한 지 22개월도 채 안된 2001년 8월, 하이닉스는 11조 500억 원의 빚을 견디다 못해 채무불이행을 선언한다.

삼성자동차와 대우전자의 맞교환

1999년 1월 31일, 청와대 서별관 회의실. 강봉균 수석과 이헌재 금융위원장, 삼성의 이학수 구조조정본부장과 대우의 김태구 구조조정본부장 네 사람이 모였다. 두 달여 전, 대통령 앞에서 5대 그룹 회장이 약속했던 자동차-전자 맞교환 빅딜이 영 진전을 보이지 않자 강봉균 수석이 소집한 회의였다. 저녁도 거른 채 회의는 계속됐지만 합의록 작성 심부름을 위해 배석했던 필자조차 배고픔도 잊어버릴 정도로 긴장감이 돌고 있었다.

맞교환의 시도는 적절해 보였다. 외환위기 3년 전인 1995년 뒤늦게 투자를 시작한 삼성자동차는 1998년 2월에야 겨우 SM5 시판에 들어갔지만 생산 규모가 너무 작았다. 규모의 경제가 안 되니 상대적으로 비쌀 수밖에 없었다. 삼성의 선택 중 하나는 덩치를 빨리 키우는 것일 수 있었다. 실제 삼성은 기아차 인수에도 참여한 바 있었다. 그러나 12조 8,000억 원의 부채를 가지고 있는 기아차와 아시아자동차를 동시에 인수하는 것은 너무도 부담스러운 일이었다. 하물며 당시는 누가 언제 쓰러질지 모를 외환위기의 한복판 아닌가. 포드와의 제휴도 시도했지만 포드의 거부로 무산된 바 있었다.

삼성으로서는 삼성자동차의 독자 생존을 고집하기도 어려운 상황이었다. 1995년 법인 설립 후 1998년까지 누적적자가 6,788억 원이었다. 자본금 8,054억 원을 다 까먹고 있었다. 그렇다고 회사를 정리하는 것도 쉽지 않았다. 하청업체 문제뿐만 아니라 정치권을 앞세운 지역 민심도 고민거리였다. 공장을 계속 가동하면서 4조 원 규모의 삼성차 부채를 떠맡길 상대가 절실한 상황이었다.

대우도 계열사 정리의 압박을 받고 있었다. 채권단 요구대로 부채비율 200퍼센트를 맞추려면 자본을 늘리거나 부채를 줄일 수밖에 없다. 부채를 줄이려면 계열사나 사업부문을 파는 게 효과적이다. 삼성차 빅딜은 구조조정을 하면서 자신의 핵심 역량인 자동차의 덩치를 더 키울 수 있는 호기였다. 잘만 하면 두 마리 토끼를 한꺼번에 잡는 격이 될 수도 있었다.

그런데 문제는 '디테일'이었다. 양 그룹의 총수가 합의하고 대통령 앞에서 문서로 확인했지만 이는 기본 방침에 불과했다. 실제로 맞교환 협상에 임하는 두 그룹의 입장은 크게 달랐다. 대우는 삼성자동차를 인수하면서 웃돈을 얹어 받을 것으로 기대했다. 이헌재 장관 저서에 기록된 대우 김태구 본부장의 1월 31일 회의 때의 발언.

"삼성차 부실을 어떻게 그냥 떠안습니까. 최소 3조 5,000억 원은 얹어받아야 합니다."

– 《위기를 쏘다》[3]

당시 자금줄이 말라가고 있던 대우로서는 이번 맞교환을 신규 자금을 조달할 수 있는 기회로 본 것이다.

반면, 삼성은 대우전자의 부실도 만만치 않으니 별도로 현금을 줄 필요는 없다는 판단이었다. 다시 이헌재 장관 저서에 기록된 삼성 이학수 본부장의 발언.

"우리 쪽은 현금이 오갈 필요가 없다는 생각입니다. 우리가 대우전자를 받고 대우가 삼성자동차를 받으면 계산이 얼추 비슷하다고 봅니다."

— 《위기를 쏘다》[4]

대우 워크아웃 실사과정에서 부실이 밝혀지기는 했지만, 대우전자의 당시 장부상 자본금은 7,000억 원이었고 매출은 4.7조 원이었다. 대우로서는 도저히 받아들일 수 없는 조건이었다. 만약 삼성 측 주장을 받아들인다면 스스로 분식회계를 했다고 고백하는 셈이니 더욱 그랬을 것이다.

그래서 그날 타협안으로 나온 것이 '선인수 후정산' 안이었다. 가격은 나중에 정산하고 우선은 양 그룹이 서로 상대 회사를 인수하자는 것이었다. 두 그룹은 2월 3일 이런 내용의 양해각서를 교환했지만 협상은 계속 미궁에 빠져들고 있었다. 급기야 6월 30일 삼성자동차의 일방적인 법정관리 신청으로 맞교환은 완전 무산되고, 맞교환을 마지막 보루로 생각했던 대우는 걷잡을 수 없는 자금난에 빠지게 된다.

복기해보면 삼성과 대우 간 맞교환 시도는 대우그룹의 구조조정을 6개월 미루게 했다. 대우는 5대 그룹 중 구조조정이 가장 더뎠다.

1998년 말 대통령 앞에서 부채 감축을 철석같이 약속했지만 6개월이 지난 1999년 6월까지 대우의 부채는 오히려 늘고 있었다. 부채 비율은 588퍼센트로 6개월 전에 비해 50퍼센트 이상 급증했다. 현대그룹도 부채가 늘어나기는 했지만 자본 유입을 통해 부채 비율은 100퍼센트포인트 넘게 낮췄다. 대우와는 상황이 많이 달랐다.

예정대로 맞교환이 이뤄졌다면 대우의 부채 비율은 더 악화됐을 가능성도 있다. 그럼에도 정부는 빅딜 합의를 지키기 위해 양 그룹에 압박을 가할 수밖에 없었다. 삼성과 대우는 그들대로 정부가 중재할 수밖에 없을 것임을 믿고 서로 버티다가 시간만 흘려보냈다. 정치화 비용을 크게 치른 또 하나의 빅딜 사례라고 할 수 있을 것이다.

적어도 과잉시설 정리에는 효과적이었던 빅딜

빅딜은 왜 시장에서의 인수합병과는 달리 정치화 비용을 유발했을까. 다른 구조조정 수단에 비해 책임과 권한이 명확하지 못했기 때문이다. IMF사태 당시 대기업에 적용된 기업구조조정 방식은 대체로 세 가지로 요약할 수 있었다. 첫째, 2년이라는 시간을 주고 200퍼센트 부채 비율 목표를 달성하는 재무구조개선계획을 그룹별로 마련해, 주채권은행과 약정을 체결하도록 한 방식이다. 구체적인 구조조정계획을 마련하고 이행할 책임은 해당 기업에 있다. 은행은 기업의 이행 여

표 6-3 빅딜 성사 업종별 자산 감축 효과 (단위: 억 원)

업종	구조조정 전	구조조정 후	개선 효과	%
철도차량	9,445	8,891	564	6.0
항공기	16,000	10,706	5,334	33.1
발전설비	12,823	9,166	3,657	28.5
선박용 엔진	1,930	934	996	51.6

빅딜은 비록 정치화 비용을 지불했지만 빅딜이 성사된 업종에서는 과잉시설을 감축하는 효과는 거두었다. 업종에 따라 최대 50퍼센트의 과잉시설 정비가 이뤄졌다. 이를 통해 경쟁력을 재정비한 빅딜 기업은 경기가 회복되면서 새로운 도약기를 맞게 된다.
* 자료 출처: 권오규[5]

부를 점검하는 역할만 수행하는 방식이다.

두 번째는 워크아웃이다. 여기서 기업구조조정계획을 만드는 주도권은 채권은행이 가진다. 은행은 필요하면 경영진을 교체할 수도 있다. 은행이 주도권을 지는 만큼 비용도 지불한다. 기업 부채의 출자전환 등 채무조정과 함께 신규자금 제공의 책임도 지게 된다. 이 두 가지 방식은 나름대로 책임과 권한이 분명하다. 재무구조개선약정 방식은 기업구조조정의 주도권을 해당 기업이 지고 비용도 지불한다. 반면, 워크아웃은 기업구조조정의 주도권을 채권은행들이 쥐고 비용도 은행이 지불하는 방식이다.

이 두 가지에 비해 빅딜은 책임과 권한이 불분명했다. 정부는 기업의 필요에 의해 자율적으로 정한 약속을 지키도록 중개 역할만 해준다고 생각했지만 해당 기업들은 정부의 압력에 끌려 들어갔다고 생각했다. 이미 벌어진 상황이라면 이를 최대한 활용해 자신의 이익을 꾀하는 것이 기업의 생리다. 상대가 정부 압력에 굴복할 때까지 기다리는 수동적인 전략을 서로 쓰다 보니 당초에 의도했던 구조조정이 변질되고 만 것이었다.

그럼에도 빅딜이 성사된 업종에서는 과잉시설 정리 효과가 분명히 나타났다. 비록 정부가 개입하기는 했지만, 과거 8·3사채동결조치처럼 단순히 구제금융을 제공하는 것으로 그치지는 않았다. 채권단이 신설 통합법인이 출범하기 전 먼저 사업구조조정을 마무리하라고 강력히 요구했기 때문이다. 채권단은 사업구조조정이 제대로 됐는지 확인한 이후에야 채무구조조정에 동의해주는 방식으로 해당 기업들의 과잉시설 정리를 몰아붙였다. 이에 따라 신설된 통합법인들은 업종별로 최대 50퍼센트를 넘게 자산을 정리했다. 비록 시장에서 이뤄진 인수합병은 아니었지만 적어도 빅딜이 성사된 업종에서는 과잉시설 정리가 이뤄진 것이다. 이런 시설 정리는 이후 경기가 회복될 때 통합법인이 빠르게 재도약하는 발판이 됐다.

산업구조조정 수단으로서 빅딜을 재조명하다

정부가 전면에 나서 딜을 주선하는 방식의 빅딜은 정치화 비용을 유발했다. 이런 문제 인식 때문인지는 몰라도 최근 들어서는 산업구조조정에 대한 정부의 역할은 아예 실종돼버린 듯하다. 구조조정의 필요성 자체가 없어졌기 때문일까.

최근 수년간 해운업, 조선업, 건설업 등 일부 업종의 기업들은 극심한 채산성 악화를 겪고 있다. 급기야 이들 업종에서 일부 기업들이 도산의 위험에 빠져들고 채권은행이 나서야 하는 상황이 발생했다. 그러나 아직까지는 개별기업을 처리하는 수준의 대처에 머물고 있다. 예컨대, 성동조선해양은 수출입은행이, STX조선해양은 산업은행이 나서서 책임지고 기업을 살리는 식이다. 물론 기업을 살린다고 해당 기업에 대한 구조조정을 포기하는 것은 아니다. 해당 기업의 낮은 수요에 맞춰 채산성을 맞출 수 있도록 몸집을 줄이도록 했다. 그렇지만 빅딜에서 시도됐던 산업 전체 차원의 몸집 줄이기는 아직 나타나지 않고 있다.

이와 같은 대응 방식은 수요 감소에 대응해 설비는 줄이지 않은 채 공급물량만 줄이는 것이다. 현재의 낮은 금리도 이런 미봉적 처방에 한몫을 하고 있다. 이는 수요 감소가 일시적인 현상이라는 보장만 있으면 좋은 방법이 될 수 있다. 단기적 현상에 대처해 굳이 인력구조조정의 고통을 겪어가며 설비를 줄일 필요는 없기 때문이다. 그러나 수요 감소가 더 장기적인 현상이라면 과연 이런 방법이 지속가능할까.

사실 우리는 2008년 글로벌 금융위기를 별도의 구조조정 없이 넘겼다. 비록 세계수요는 급속히 줄었지만 IMF사태 때와는 달리 우리 경제의 문제라기보다는 선진권 국가들의 문제에서 비롯된 것이기 때문에 수요가 회복되면 문제가 자연스럽게 풀릴 수 있을 것이라는 기대 때문이었다.

그러나 수요 부족이 장기화되면 구조적 문제로 발전할 수밖에 없다. 최근 어려움을 겪고 있는 해운산업, 조선산업, 해외건설업 등은 모두 세계경기에 민감한 업종들이다. 최근 수년간 이들 업종의 기업들은 극심한 채산성 악화를 겪고 있다. 호황 때 경쟁적으로 늘려왔던 설비 확장에 업계 전체가 발이 묶여버린 것이다.

이를 더 근원적으로 해소하려면 설비 자체를 줄이는 방법밖에는 없다. 인수합병을 통해 기업 수를 줄이고 합병기업에 생산물량을 모아줌으로써 풀가동하는 것이 채산성을 높이는 첩경이다. 이렇게 확보된 경쟁력은 해외 수요가 살아날 때 더욱 진가를 발휘할 수 있다.

물론 가장 좋은 구조조정 방법은 기업이 도산 직전까지 몰리지 않은 상황에서 기업 간 자율적인 인수합병이 이뤄지는 일일 것이다.* 그러나 이미 은행 관리에 들어간 기업들의 경우는 사정이 좀 다르다. 어차피 해당 기업들로부터 자율적인 인수합병을 기대하기는 어려운 상황이다. 더 적극적인 산업 차원의 구조조정을 모색해야 할 단계다.

과거 빅딜식으로 돌아가자는 얘기가 아니다. 채권은행들이 더 적극적으로 구조조정에 나설 수 있게 환경을 조성하자는 것이다. 현재 은행 관리에 있는 기업들의 자산은 어차피 은행이 관리하고 있다. 채권은행별로 관리하고 있는 자산을 해운업, 조선업, 건설업 등 업종별 자

---

* 이런 관점에서 최근 전격 발표된 삼성과 한화 간 빅딜은 매우 고무적이다. 한화는 삼성으로부터 2015년 4월 화학부문 2개사(삼성종합화학, 삼성토털)를 인수한 데 이어, 6월에는 방산부문 2개사(삼성테크윈, 삼성탈레스)를 인수했다.

산관리회사Asset Management Company, AMC를 통해 모은다면 시장에서 인수합병 효과를 가져올 수 있다. 물론 이 과정이 쉽지는 않을 것이다. 채권은행 입장에서는 시가평가 과정에서 손실인식을 해야 하는 어려움을 겪을 수도 있다.

그러나 겪어야 할 과정이라면 가급적 빨리 겪는 편이 오히려 손실을 줄이는 것이다. 이는 IMF사태를 통해 우리가 뼈저리게 경험했던 교훈이기도 하다. IMF사태 때와는 달리 금리가 낮다는 점만을 믿고 마냥 구조조정을 미룰 수는 없다. 빅딜과 똑같은 방식은 아닐지라도 빅딜이 가졌던 문제 인식만은 새롭게 조명해봐야 할 시기다.

7장

구조조정,
공적자금 투입의 진실

기업구조조정을 위한 가장 현명한 제안

IMF 구제금융은 혹독한 구조조정을 요구했다. 그 첫 대상은 환란에 직접적 원인을 제공한 종금사를 비롯한 금융권이었다. 그러나 더 근본적인 부실의 진원지는 기업부문이었다. 금융권으로부터 돈을 빌려 간 기업들이 채산성이 나빠져 이자도 제대로 못 갚게 되면 금융 부실은 더 커질 수밖에 없다. 1998년 3월까지 당시 확정된 부실채권 규모는 47조 원. 그러나 앞으로 얼마나 금융 부실이 더 늘어날지는 누구도 예측하기 어려운 상황. 더욱이 이미 시작된 구조조정으로 금융시장은 완전히 얼어붙기 시작해, 좋은 기업일지라도 운전자금을 얻지 못해 문을 닫을 수 있는 상황이었다.

부실금융기관 처리를 위해 공적자금이 어차피 필요하다면, 그래서 그 돈이 결국 부실기업 처리에 사용된다면 차라리 공적자금을 기업에 직접 투입하면 더 빠르지 않겠는가. 회생할 수 있는 기업과 그렇지 않은 기업을 빠르게 골라낸다면 금융시장의 신용 경색도 더 빨리 풀리고 궁극적으로 금융 부실도 줄지 않겠는가. 금융기관을 먼저 정리하다 보면 해당 금융기관에서 돈을 빌려 쓴 기업들까지 일거에 무너져 공적자금 규모가 더 커지지 않겠는가. 이미 확정된 금융 부실을 수세적으로 처리하는 부실채권정리기금과는 별도로 잠재적 기업 부실까지 선제적으로 처리하는 별도의 기금을 만들 필요가 있지 않은가.

1998년 초 조속한 기업구조조정을 위해 쏟아져 나온 백가쟁명식 제안들의 배경이 됐던 생각들이다. 당시 지도에 없는 길을 가야만 했던 다급한 우리 경제 상황에서 솔깃하게 들릴 만도 했던 생각들이었다. 이 장에서는, 비록 후견지명이지만 이런 생각들이 얼마나 경제적 설득력이 있었는지 살펴보기로 한다.

부실채권 매입은 이익 내는 장사

우선 공적자금에 대해 알아보자. 공적자금의 용도는 크게 보아 예금대지급, 출자·출연 등 금융기관 증자 지원, 부실채권 매입 등 세 가지다. 예금대지급은 문을 닫는 금융기관을 대신해서 예금을 지급하는 데 필요한 자금으로 가장 협의의 공적자금이라고 할 수 있다. 예금자 보호가 되는 금융기관이 부실금융기관으로 지정돼 문을 닫더라도 예금은 보호한도 내(현행 5,000만 원)에서 전액 지급돼야 한다. 금융기관의 공신력 유지를 위해 필요한 최소한의 안전장치다. 이를 위해 금융기관들로부터 사전에 예금보험료를 받아 예금보험기금을 운영하지만 기금이 모자라면 추가로 조성해야 한다. 이런 기능은 예금보험공사가 수행하고 있다.

그다음, 부실금융기관이라도 문을 닫는 것보다는 금융기관의 부족한 자본을 보완해 일단 가동하는 것이 궁극적으로 비용을 줄이는 방법이 될 수 있다. 바로 예금보험공사가 금융기관의 주주가 되는 방안인데, 비록 다방면의 안전장치가 필요하지만 성공하면 나중에 투입될 공적자금을 줄일 수 있다. 그러니 이를 공적자금의 선제적 사용이라고 할 수 있을 것이다. 물론 이 경우에 자금 투입을 받은 금융기관이 다시 부실해지면 비용이 더 커질 수도 있다.

외환위기 당시 위 두 가지 용도로 공적자금 누계 집행액 총 168.7조 원의 3분의 2인 112.4조 원이 투입됐다.

공적자금의 또 다른 용도는 부실금융기관이 보유한 금융 부실을 빠르게 처리하는 것이다. 예금보험공사도 금융기관 인수 과정을 원활히 하기 위해 이런 역할을 일부 수행하지만, 주로 한국자산관리공사Korea Asset Management Corporation, KAMCO가 그 역할을 맡는다. 물론 부실처리시장이 잘돼 있다면 이는 당연히 시장에서 해결돼야 할 것이지만 문제는 시간이다. 금융기관이 가진 자산은 부동산도 있지만 대부분은 기업여신이다. 돈을 빌려준 채권자인 금융기관이 문을 닫으면 돈을 빌린 기업

표 7-1 공적자금I 사용 실적(1997.11~2014.6) (단위: 조 원)

기관	출자	출연	예금대지급	자산매입 등	부실채권 매입	계
예금보험공사	50.8	18.6	30.3	11.2	–	110.9
자산관리공사	–	–	–	–	38.5	38.5
정부	11.8	–	–	6.6	–	18.4
한국은행	0.9	–	–	–	–	0.9
계	63.5	18.6	30.3	17.8	38.5	168.7

공적자금은 IMF사태 극복을 위해 대규모로 조성됐지만, 2008~2009년 글로벌 금융위기 때도 조성됐다. 회계의 투명성을 위해 1997년 말부터 조성돼 사용된 공적자금은 공적자금I, 2009년 이후에 조성된 공적자금은 공적자금II로 별도 분리해 관리되고 있다. 공적자금I은 총 168.7조 원으로, 외환위기 초기 아직 예금보험공사와 한국자산관리공사가 제 기능을 발휘하기 전에 정부와 한국은행이 직접 나서서 집행한 19.4조 원의 공공자금까지 포함한다. 공적자금은 대부분 예금보험공사와 한국자산관리공사가 국회의 동의를 받아 채권을 발행함으로써 조성됐다. 채권 발행을 통해 조달한 총자금의 규모는 104조 원으로, 이 중 40조 원은 2001년 국회의 추가동의를 통해 조성됐다. 공공자금 19.4조 원, 채권발행분 104조 원을 제외한 42.8조 원은 이미 투입됐다가 회수된 공적자금을 재사용했다.

* 자료 출처: 〈부실채권정리기금백서〉, 2014

도 덩달아 무너질 수 있다. 부실금융기관이 가진 자산의 새 주인을 빨리 찾아주는 것이 궁극적으로 채권가치를 지키는 길일 것이다.

더욱이 IMF사태 당시 한국에는 부실채권시장이란 게 아예 존재하지 않았던 상황 아니었던가. 부실채권정리기금이 설치된 게 1997년 말이다. 부실채권 징수집행기관에 불과하던 성업공사의 기능을 대폭 확대개편한 뒤 한국자산관리공사로 이름을 바꿔 출범시키고 부실채권정리기금의 관리를 맡겼다.

공적자금의 세 가지 용도 중 예금보험공사가 수행하는 예금대지급의 경우, 이미 해당 금융기관이 상환 능력을 상실한 상황에서 대신 갚아주는 것이므로 회수가 극히 어렵다. 금융기관 증자자금은 예금보험

표 7-2 부실채권 정리방법별 부실채권 정리 현황 (단위: 억 원, %)

		채권액(A)	매입액(B)	할인율(1-B/C)	회수액(C)	회수율(C/B)
매입부실채권재매각	국제입찰	61,379	12,995	79%	16,619	128%
	ABS발행	87,337	46,398	47%	52,213	113%
	AMC매각	47,899	10,571	78%	17,053	161%
	개별매각	34,841	7,958	77%	13,120	165%
	경매 등	267,839	77,370	71%	116,250	150%
	잔여재산 일괄매각	71,082	35,725	50%	805	2%
	소계	570,377	191,017	67%	216,060	113%
기업구조조정		345,933	98,151	72%	148,066	151%
환매 해제		197,504	103,014	48%	106,014	103%
합계		1,113,814	392,182	65%	470,140	120%

예금대지급을 주 업무로 하는 예금보험공사와는 달리 부실 금융기관으로부터 부실채권을 할인매입하는 한국자산관리공사는 공적자금 회수에 유리할 수밖에 없었다. 한국자산관리공사는 매입한 부실채권의 절반 이상을 되파는 방식으로 자금을 회수했지만, 인수한 부실채권의 30퍼센트 정도는 워크아웃 과정에 직접 참여해 부채를 주식으로 바꿔준 뒤 기업 가치를 높여 채권을 회수하는 방법도 동원했다. 워크아웃을 통한 공적자금회수 할인율은 72퍼센트로 매각 방식의 평균 할인율 67퍼센트에 비해 높았지만, 회수율은 151퍼센트로 매각방식의 평균 회수율 113퍼센트보다 훨씬 높았다. 한편 매각 방식에는 국제입찰, ABS발행, 경매, 개별매각 등 다양한 방법이 동원됐다. 대체로 개별매각, AMC매각 등 채권을 선별해 매각하는 방법이 국제입찰, 일괄매각 등 채권 선별을 하지 못한 채 급하게 파는 방식보다 높은 회수율을 보였다.

* 자료 출처: 〈부실채권정리기금백서〉, 2012

공사가 해당 금융기관 보유주식을 매각함으로써 회수 가능하지만, 어느 정도 공적기능을 수행하는 금융기관의 주식 매각을 단순히 시장에만 맡기기 어렵다는 한계가 있다.

시장 기능에 가장 가까운 것이 한국자산관리공사가 수행한 부실채권매입 기능이다. 한국자산관리공사는 금융기관으로부터 부실자산을 일괄 할인 매입한 뒤 이를 다시 분류해 다양한 방법으로 되파는 방식으로 자금을 회수했다.

자금의 회수도 다른 공적자금에 비해 빨랐다. 한국자산관리공사는 부실채권 매입 업무를 시작한 지 1년 6개월 만에 국내 최초로 3,000억 원 규모의 부실채권 담보부 자산유동화증권을 발행하는 등 자금 회수에 착수했다. 그해 회수한 자금만 5.7조 원. 이는 다시 부실채권을 사들이는 데 재활용됐다. 실제로 한국자산관리공사가 부실채권 매입에 사용한 누적금액 39.2조 원 중 17.7조 원은 회수자금을 재활용하는 방식으로 조달됐다.

더욱이 한국자산관리공사의 부실채권 매입은 공적자금의 세 가지 용도 중 유일하게 이윤까지 내는 사업이었다. 비록 부실채권정리기금 운용 초기에 20.5조 원의 채권을 발행하는 등 공적자금을 사용했지만, 기금이 청산된 2013년 2월 최종 회수된 자금은 46.7조 원에 달했다. 부실채권 매입누적액을 7.5조 원이나 초과한 금액이었다. 한국자산관리공사의 자금회수 방법 중 가장 회수율이 높았던 것은 기업구조조정이었다. 주로 해당 기업에 대한 채권을 주식으로 전환했는데, 해당 기업이 회생해 주식 가치가 높아진 덕분에 얻은 수익이었다.

공적자금의 기업 직접 투입은
빠른 구조조정을 유도한다?

이처럼 기업구조조정이 부실채권 정리 방법 중 가장 이익이 나는 방안이었다면 왜 처음부터 더 적극적으로 사용할 수 없었을까. 부실채권정리기금의 부실채권 매입 대상을 금융기관으로 한정하지 않고 기업으로까지 확대할 수는 없었을까. 그랬더라면 더 많은 부실채권을 더 빨리 사들인 뒤 되팔아 공적자금 투입액도 줄이고 기업구조조정도 더 빨리 진행할 수 있었을 텐데 말이다.

사실 공적자금이 금융기관에만 투입돼야 한다는 법은 없다. 따지고 보면 8·3사채동결조치나 그 이후 여러 번에 걸친 산업합리화 작업도 부실기업 정리라는 명분으로 기업에 구제금융을 제공한 것으로 볼 수 있다. 비단 한국에만 한정된 일도 아니다. 2008년 글로벌 금융위기 당시 제너럴모터스General Motors, GM가 도산 위기에 처하자 미국정부는 GM판매자회사의 주식을 취득하는 방법으로 기업에 직접 공적자금을 투입했다. 비록 금융기관을 경유한 공적자금 투입이라는 모양새를 갖추기 위해 공적자금을 투입한 GM판매자회사는 금융지주회사로 전환됐지만 본질은 분명 특정 기업에 대한 공적자금 투입이었다.

그러나 기업에 직접 공적자금을 투입하는 것은 기업을 구제금융 상황으로 전락시킬 가능성도 있다. 미국의 경우 GM에 공적자금을 투입한 지 6년 만인 2014년에 정부가 보유한 주식을 GM에 되파는 방식으로 투입한 자금 이상으로 회수했다고 하지만, 이런 해피엔딩이 처음부터 보장되는 것은 아니다. 구제금융으로 경영권에 대한 위협이 사라질 경우, 경영진의 도덕적 해이가 작동함으로써 더 큰 기업 부실을 초래할 가능성도 있다.

더욱이 IMF사태 당시 한국 상황은 우리 금융시장에서보다 해외 금융시장에서의 신뢰도가 더 크게 문제됐던 시기였다. 강경식 당시 경제부총리는 기아차를 부도내지 못하게 한 부도유예협약이 기아차 경영진에게 '버티면 된다'는 잘못된 인식을 제공했고 이것이 결국 외환위기의 단초가 됐다고 회고한다.

> 기아에 대해 부도유예협약을 적용하겠다고 방침을 적한 것이 (1997년) 7월 15일이었다. 그 후 법정관리 방침을 밝힌 10월 27일까지의 석 달여 동안 기아의 버티기 작전으로 곤욕을 치렀다. 9월 말이면 부도유예협약이 끝나기 때문에 추석 연휴 동안 기아와 마지막 협의를 했다. 그러나 기아는 9월 22일 전격적으로 기아자동차 등 4개사에 대해 법원에 (경영권 보장이 허용되는) 화의를 신청했다.
>
> ─《국가가 해야 할 일, 하지 말아야 할 일》[1]

이런 상황에서 기업에 공적자금을 투입하려면 강력한 조건이 뒤따라야 했을 것이다. 당시 필자가 접했던 제안 중엔 이런 것도 있었다.

'부실 징후가 높은 기업에 대해 사전적으로 해당 기업의 채무를 주식으로 강제 전환할 수 있도록 하게 하는 특별법을 제정하자. 이를 위해 별도의 기업구조조정기금을 조성한다. 여기서 부실 징후를 사전에 객관적으로 판단할 수 있는 기준이 필요하다. 부채 비율이 일정 이상 높으면서 수년 동안 지속적으로 이자비용만큼도 영업이익을 내지 못

그림 1 금융기관 경유 공적자금 투입   그림 2 기업에 직접 공적자금 투입

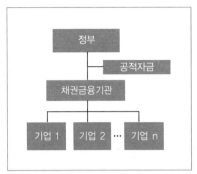

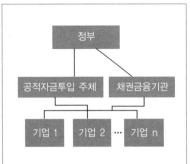

할 정도로 수익성이 악화된 기업 등이 그 대상이 될 수 있을 것이다.'

만약 이런 제안이 실현됐더라면 당시 많은 대기업의 주인이 바뀌었을 것이다. 재벌 문제가 상당 부분 일거에 해결될 수도 있다는 얘기다. 비록 초헌법적 발상이기는 하지만 재벌 개혁이 우리 경제의 당면 현안이라는 시각에서 본다면 매우 솔깃하게 들릴 만도 했다. 그러나 이런 제안은 금융기관을 경유한 공적자금 투입보다 오히려 기업구조조정을 더 지연시킬 개연성이 있다. 기업구조조정 과정에서 중요한 이해당사자 중의 하나인 채권금융기관의 역할을 고려하지 않았기 때문이다.

그 이유를 게임이론 시각에서 살펴보자. 4장에서 얘기했듯이 금융기관을 경유한 공적자금 투입(그림 1)은 주인인 정부가 대리인인 채권금융기관을 통해 기업구조조정을 추진하는 주인-대리인 게임으로 설명할 수 있다. 여기서 공적자금은 정부가 채권금융기관들로 하여금

기업구조조정에 적극적으로 나설 수 있게 만드는 중요한 수단이다. 공적자금을 적절히 활용함으로써 정부는 채권금융기관을 정부와 한 배에 태울 수 있는 환경을 조성할 수 있다.

그런데 공적자금을 기업에 직접 투입할 경우(그림 2), 정부와 채권금융기관은 다른 배에 탈 수밖에 없는 상황에 빠진다. 그 이유를 간단한 예를 통해 살펴보자. A사는 자본금 30억 원, 부채 90억 원으로 시작했다. A사의 부채 비율은 300퍼센트, 자산규모는 120억 원이다. 편의상 A사는 금융기관 한곳에서 모든 자금을 빌렸다고 하자. A사는 지속적인 영업 적자로 자본금이 잠식돼 30억 원 중 10억 원만 남은 상태다. 현재 상태에서 부채 비율은 900퍼센트, 이자비용도 벌지 못하는 상태를 수년간 지속해왔으니 A사는 앞서 말한 기준으로는 분명히 부실 징후 기업이다. 그런데 채권금융기관 입장에서는 다르다. 비록 수년간 채산성이 나빠지기는 했지만 이자를 꼬박꼬박 내고 있으니 아직 완전 부실여신은 아니다.

이 상황에서 앞서 제안에 따른 특별법에 의해 A사에 대해 강제 부채-자본 전환이 이뤄진다고 가정해보자. 만약 기존 채무에 대해 아무런 할인 없이 이 조치가 이뤄진다면 채권금융기관 입장에서는 반대할 이유가 없겠지만 이는 현실적으로 있을 수 없는 얘기다. 이렇게 수익성이 없는 기업에 애초에 자금을 빌려준 원초적 책임이 채권금융기관에 있는데 이 기업에 대한 여신이 곧 부실화할 징후가 높은 상황에서 아무런 조건 없이 공적자금이 투입된다면 채권금융기관을 면책시켜

주는 것과 다름없기 때문이다.

그렇다고 기존 채무에 대해 할인할 경우 할인율이 문제가 된다. 채권금융기관 입장에서는 너무 많이 할인하면 자신의 손실을 장부에 기재해야 하고, 이는 금융구조조정이 진행되고 있는 상황에서 곧 자신의 생존 자체를 위협받게 된다. 강제 부채-자본 전환 과정에서 기존 주주의 반발은 차치하고서라도 이제는 채권단까지도 반발하는 상황에 놓이게 되는 것이다. 금융기관을 경유한 공적자금 투입의 경우 이미 부실채권으로 분류돼 해당 금융기관이 대손충당금을 쌓아놓은 상태지만, 이 경우에는 부실 징후만 있는 것이지 아직 정상채권인 상태이므로 채권은행이 쉽사리 할인매각을 인정하려 하지 않을 것이기 때문이다. 공적자금 투입 주체와 채권금융기관 간의 이런 갈등은 결국 기업구조조정을 더욱 지연시키는 요인으로 작용할 소지가 높다.

결론적으로 빠른 기업구조조정을 위해 공적자금을 기업에 직접 투입하는 방식이 반드시 빠른 기업구조조정을 유도하지 못할 수도 있다. 더 빠른 기업구조조정을 위해서라도 금융기관을 경유한 공적자금 투입이 더 유리할 수도 있다는 얘기다. 간접투입 방식은 정부가 직접 나서는 것보다 금융기관들이 채권자로서의 역할을 제대로 수행할 수 있게 여건을 조성해주기 때문이다.

금융기관을 경유한 공적자금 투입, 유일한 현실적 대안

공적자금 투입 방식에 대한 정부의 판단은 초기부터 내려졌다. 정부는 IMF사태 초기 외환시장이 어느 정도 안정을 찾게 되는 1998년 4월, IMF와 서둘러 협의하고 이 문제에 대한 결론을 내린다. 총 64조 원의 공적자금을 조성하되 이를 금융기관에 한정해 투입할 것을 IMF에 서면으로 약속한 것이다.

> **공적자금사용에 대한 IMF와의 합의의향서(1998년 6월 24일)**
>
> - 공적자금은 폐쇄금융기관의 청산과, 부실하나 회생가능한 금융기관의 구조조정을 촉진하기 위해 필요한 한도 내에서만 사용될 수 있다.
> - 은행들이 기업조정에 완전하게 참여할 수 있도록 유도하기 위해 자산관리공사의 부실채권 매입이나 자본 참여, 기타 지원 수단을 동원할 수 있다. 다만 이는 금융감독위원회가 기업구조조정을 제대로 수행하지 못한다고 판단하는 은행에 대해서는 이 기능이 제공될 수 없다.

즉 공적자금을 금융기관에만 투입하되, 이를 활용해 금융기관으로 하여금 기업구조조정을 가속화할 수 있게 한 것이다. 이런 발상은 당시 기록에서도 확인된다. 다음은 금융구조조정, 기업구조조정, 공적자금 관계를 설명한 〈공적자금관리백서〉의 기록이다.

공적자금의 투입을 계기로 감독당국의 감독하에 금융기관의 부실채권 정리와 인력 점포감축 등이 강도 높게 추진됨으로써 금융구조조정이 이루어지게 된다. 한편 금융기관에 공적자금이 지원되면 채무기업의 채권자로서 기업의 경영정상화를 도모할 수 있는 금융기관의 역량이 더 높아지게 됨으로써 기업구조조정에 적극적으로 관여할 수 있게된다.

– 〈공적자금관리백서〉, 2000년 9월[2]

결국 금융기관이 채권자로서 기능을 제대로 수행하도록 하기 위해 공적자금 투입 대상을 금융기관에 한정시켰다는 얘기다.

공적자금 투입 규모를 최소화해야겠다는 의지도 작용했다. 정부가 IMF사태 초기에 설정한 공적자금 규모 64조 원은 총부실 규모를 100조 원으로 상정한 것이었다. 그러나 그 당시 세계은행은 물론 한국금융연구원 등 국내외에서 부실 규모가 200조 원을 넘을 수 있다는 관측이 나오고 있었다. 이런 상황에서도 공적자금을 빠듯하게 정한 배경에 대한 이헌재 장관의 회고담을 살펴보자.*

공적자금은 적으면 적을수록 좋다고 생각했다. (공적자금은) 결국은 대

---

* 공적자금이 기업구조조정을 수행하는 채권금융기관의 존립을 담보할 수 없을 정도로 지나치게 빠듯할 경우 어떤 부작용이 생길 수 있는지는 4장에서 논의한 바 있다.

기업 부실을 청소해주는 돈이다. 가장 중요한 건 자구노력이다. 팔 건 팔고, 끌어올 건 끌어오고, 정말 어떻게 해서도 메워지지 않는 최소한의 구멍만 공적자금으로 메워야 한다.

−《위기를 쏘다》[3]

공적자금의 간접투입 방식은 정부로 하여금 공적자금 투입 대상을 직접 선별해야 하는 부담에서 벗어나게 해주는 장점도 있었다. 미국정부의 GM에 대한 직접적인 공적자금 투입은 선별 대상을 정하는 문제라기보다는 이미 대상이 드러난 기업에 대해 자금 지원 여부를 결정하는 문제였다. 그럼에도 미국정부는 결정 과정에서 엄청난 정치적 부담을 질 수밖에 없었다. 만약 선별 대상까지 정부가 직접 골라야 했다면 특혜 시비 문제는 더욱 커질 수밖에 없었을 것이다. 간접투입 방식에서 정부는 채권금융기관에 대해 금융감독 권한을 동원해 잠재적 기업 부실까지 선제적으로 처리하도록 주문하면 된다. 실제 처리 방식은 채권금융기관이 해당 기업과 상의해 정해진다. 정부가 직접 팔을 걷어붙이고 나설 필요까지는 없다.

이런 장점에 덧붙여 간접투입 방식은 당시로서는 유일한 현실적인 대안이었다. 당시는 산업은행의 기아차에 대한 부도유예협약만으로도 해외투자자로부터 기아차의 국유화를 의심받던 상황이었다. 기업에 대한 공적자금 직접투입은 더더욱 기업의 공기업화를 의심받을 수 있었을 것이다. 해외투자자 입장에서는 1장에서 논의한 한국주식회사

표 7-3 **기업구조조정 기금 운용 실적(1999년 말 기준)** (단위: 억 원)

	서울부채	아리랑	무궁화	한강	합계
자산운영사	Schroder Investment	State Street Bank & Trust	Templeton Asset	Scudder Kemper	
국적	영국	미국	싱가포르	미국	
자산규모	6,000	3,334	3,333	3,333	16,000
투자실적	3,345	3,597	3,133	3,244	13,319
지원회사	9개	27개	21개	32개	83개
집행률	55.4	109.0	93.9	98.9	83.2

1998년 8월 중소중견기업의 구조조정을 촉진하기 위해 총 1.6조 원의 기업구조조정기금이 설치되고 그 운용은 4개의 외국 전문펀드매니저에게 맡겨졌다. 그러나 기금 설립 1년이 지나도록 자금집행율은 저조했다. 특히 아리랑, 무궁화, 한강 등 주식취득 전문펀드보다 부채 조정을 전문으로 하는 서울부채펀드의 집행율이 저조했다. 부채인수방식은 사업구조조정을 수반하지 않을 경우 선택하기 어려운 자금투입방식이라는 점을 감안할 때, 사업구조조정을 수반하는 진정한 기업구조조정이 얼마나 어려운 것인지 시사해준다.
*자료 출처: 금융감독위원회

가 '한국공기업주식회사'로 바뀐다고 생각할 수도 있었을 것이다. 한국경제의 대외신뢰도가 중요했던 외환위기 상황에서 공적자금의 기업 직접투입은 도저히 수용할 수 없는 제안이었다.

그렇지만 기업에 직접자금을 투입함으로써 구조조정을 촉진하겠다는 생각이 완전히 사라진 것은 아니었다. 다소 변형된 형태지만 일부 시행되기도 했다. 중소 중견기업의 구조조정을 촉진하기 위해 1998년 8월에 은행, 보험 등 금융기관이 출자해 총 1.6조 원의 기업구조정기금이 설치된다. 기업들의 사업구조조정에 맞춰 채무구조조정을 적극적으로 유도할 수 있도록 미리 자금을 확보해놓은 것이었다. 자금 운용의 전문성을 위해 아예 기금을 4개로 나눠 외국의 전문펀드매니저에게 운영을 맡겼다. 자금의 투입도 주식 취득, 부채 조정 등 채무구조조정에 동원될 수 있는 방법을 기금별로 특화시켰다. 그럼에도 기금의 운영 상황은 기금 조성 뒤 1년이 넘도록 조성 자금을 다 집행하지 못했을 정도로 실적이 저조했다. 기업구조조정이 자금 투입만으로 쉽게 이뤄지지 않음을 보여주는 실제 사례다.

선금융구조조정이 기업 줄도산을 부른다?

공적자금을 기업에 직접 투입함으로써 기업구조조정을 우선 추진해야 한다는 또 하나의 논거는 금융구조조정을 먼저 할 경우 해당 은행에서 돈을 빌린 기업들의 쓰나미 도산이 우려된다는 점이었다. 금융시장의 신용 경색이 가시화되던 IMF사태 초기 상황에서 이런 논거는 일견 설득력이 있어 보였다. 금융기관이 문을 닫은 유례가 없었던 우리 경제에서 이를 검증하기도 어려웠다.

후견지명이지만 이를 실증적으로 검증한 연구[4]가 있어 소개한다. 1998년 6월 29일 제1차 금융구조조정의 일환으로 대동, 동남, 동화, 충청, 경기은행 등 5개 은행이 퇴출되고, 퇴출은행의 자산은 각각 국민은행, 주택은행, 신한은행, 하나은행, 한미은행이 계약 이전 방식으로 인수한다는 전격 발표가 있었다. 이 연구는 퇴출된 5개 은행에서 새로운 은행으로 계약 이전된 기업군(A타입), 5개 인수은행에서 원래 고객이었던 기업군(B타입), 그리고 퇴출되거나 퇴출은행 자산을 인수한 은행

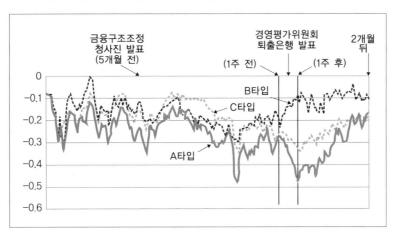

그림 3 은행 퇴출이 고객사 주가에 미치는 영향 분석

*자료 출처: Sohn, Wook

을 제외한 나머지 은행의 고객으로 인수은행으로부터 자금을 빌리지 않은 기업군(C타입) 주식들 간 누적초과이익률Cumulative Abnormal Return, CAR 을 분석했다. 초과이익률은 해당 주식의 예상주가와 실제주가의 편차로 계산된다. 쉽게 말해 실제주가가 주식시장의 가중 평균주가인 주가지수보다 빠르게 떨어지면(마이너스 편차) 주식시장에서 그 회사의 가치는 떨어지고 있다는 뜻이다. 누적초과이익률은 이 편차를 일정 시점 이후 누적해서 계산한 것이다(실증분석에서는 금융구조조정 청사진이 발표된 5개월 전 시점을 기준).

　그림 3에서 나타나듯 방침 결정 일주일 전부터 이미 주식시장은 크게 요동치기 시작했다. 퇴출된 은행들의 고객기업들(A타입) 주가는 경영평가위원회가 개최된다는 소식이 나오자마자 크게 떨어지기 시작

했다. 쓰나미 기업 도산이 현실화되지 않을까 우려되는 징후라고도 볼 수 있는 상황이었다. 반면, 퇴출은행을 인수할 여력까지 있는 은행들의 고객기업(B타입)의 주가는 비록 주가지수보다는 여전히 낮지만 주가지수와의 편차를 줄이기 시작했다. 이런 상황은 방침 발표 후 일주일까지 지속됐다.

그러나 그 뒤부터 주가 움직임이 반전되기 시작해서 방침발표 뒤 2개월이 채 못 되는 시점에서 퇴출은행 고객기업들은 오히려 일반기업(C타입)을 능가할 만큼 빠른 속도로 주가지수와의 편차를 줄였다. 주가 회복 속도로 보면 오히려 인수은행들의 기존 고객기업의 주가를 능가한다. 예상과는 달리 당초 쓰나미 도산을 우려했던 기업들이 오히려 시장에서 빠르게 신뢰를 회복했던 것이다.

이런 현상을 설명하기 위해 5장 중고차시장의 예로 돌아가보자. 비대칭정보가 있는 상황에서 중고차 거래를 성사시킬 수 있는 또 하나의 방안은 제3자의 얘기를 들어볼 수 있게 하는 것이다. 제3의 기관이 공신력 있는 기관이면 더욱 좋겠지만 이미 자동차를 써본 사람들의 얘기를 종합해서 듣는 것도 하나의 방법이다. 영화, 연극, 심지어 새로운 음식점을 찾을 때, 인터넷 등을 통해 이용해본 사람들의 의견을 참조하는 것이 그 예가 될 수 있다.

이를 앞의 연구 결과에 적용해보자. 금융구조조정이 진행되고 있는 상황에서 투자자들이 기업의 옥석을 가리기 어려운 상황에 직면하는 것은 어쩌면 당연한 것이다. 기업들이 아무리 기업 홍보를 열심히 해도 투자자들은 이를 그대로 믿기 어렵다. 전형적인 비대칭정보 상황이다. 더욱이 퇴출 대상 은행의 고객기업들의 운명은 한 치도 예측하기 어려운 상황일 것이다.

이런 극심한 비대칭정보 상황에서 A타입 기업들은 인수은행에 의해 다시 대출 관계를 회복한 기업들이다. 퇴출은행과는 상관없는 다른 은행에 의해 일단 고객으로 선별된 것이다. 투자자들은 이런 선별 결과를 중고차시장에서 제3의 기관에 의한 품질검증으로 받아들인 것으로 볼 수 있다는 얘기다.

반면, 인수은행들의 원래 고객들은 이런 외부기관에 의한 선별 과정을 거치지 않은 기업들이다. 이들 기업들이 비록 우수한 고객이라도 투자자들은 이를 액면 그대로 믿기 어렵다. 은행들이 자신의 생존을 위해 대손충당금을 쌓아야 하는 부실기업까지 우수 고객으로 분류해놓았을 가능성도 배제하기 어렵기 때문이다.

관건은 금융구조조정을 진행시키면서도 퇴출은행의 자산을 다른 은행이 빠르게 인수할 수 있게 해주는 것이다. 실제로 퇴출은행에 대한 자산인수는 매우 빠른 속도로 이뤄졌다. 다음은 정재룡 당시 한국자산관리공사 사장의 회고록.

1998년 6월, 금감위로부터 캠코에 한 장의 공문이 전달된다. "5개 퇴출은행의 부실채권을 인수하라"는 아주 간단한(?), 그러나 실제 내용으로는 엄청난 부담을 담은 공문이었다. 은행감독원 자산 처분규정에 부실채권 매가가격을 결정하고 있는 규정이 있는데, 이를 적용해 5개 퇴출은행의 본점과 지점 180개 점포를 20일 만에 인수하라는 것. 문제는 20일밖에 기간을 안 주면서도 계약 이전 결정에 의한 강제매각이 아니라 '협상'에 따라 '적정 가격'을 산정해 이전 받으라는 것이었다. 이에 따라 가동 가능한 캠코 전체 인력을 투입해야 하는 인수 전쟁이 시작된다.

－《부실채권 정리》[5]

결론적으로 쓰나미 도산 우려는 기우였다. 어차피 극심한 신용 경색이 지속되는 상황이라면 신용 경색의 근본 원인인 정보의 비대칭성을 없애주는 것이 더 근원적인 처방이다. 어차피 퇴출 금융기관의 기업여신 전체가 도매금으로 의심받는 상황이라면 제3자 기관이 퇴출금융기관의 자산을 빠른 선별 과정을 통해 인수하도록 해주는 것이 시장의 의심을 해소할 수 있는 길이 될 수 있다는 얘기다.

한국자산관리공사는 부실채권 도매업자였다

비대칭정보 상황에서 제3자에 의한 검증이 거래를 정상화시킬 수 있다는 점은 한국자산관리공사의 부실채권인수기능에서도 확인된다. 한국자산관리공사는 금융기관으로부터 공적자금을 투입해 부실채권을 인수한 뒤, 이를 분류해 워크아웃에 참여하거나 시장에 재매각하는 방식으로 공적자금을 회수했다.

> 부실채권의 매각과 회수에는 여러 가지 방법이 있다. 채권을 직접 회수하기도 하고, 일괄매각 방식으로 다른 투자자에게 매각하기도 하며, 현금 흐름이 일정한 채권의 경우 자산유동화방식이 추진되기도 한다. 이밖에도 부실채권의 대상이 회생가능한 기업인 경우 기업을 지원함으로써 회생을 도와준 후 채권을 확보하기도 한다.
>
> — 《부실채권 정리》[6]

한마디로 한국자산관리공사는 부실채권에 대해 도매시장 기능을 수행한 것이다. 도매사업자로서 가장 먼저 해야 하는 일은 사들인 물건을 분류하는 것이다. 그래야만 소매업자들에게 더 쉽게 팔 수 있도록 재포장도 가능하다. 이런 분류 기능의 경제적 가치를 어떻게 설명할 수 있을까.

다음은 한국자산관리공사의 공매 처분 연기 결정만으로도 기업 회생에 도움을 받았던 인천공단 소재 경남기계공업 사례에 대한 정재룡 자산관리공사 사장이 전하는 회고담.

> (캠코는) 은행과 달리 여신 업무가 없기 때문에 신규 자금 지원을 해주지는 못하고 담보권을 실행하지 않는 등 소극적인 지원만 했다. (그런데) 또

한 가지 캠코가 한 역할은 회생대상으로 선정된 기업이 납품을 하거나 거래하는 업체에 캠코가 회생가능 기업으로 선정해 공매를 보류했다는 사실을 알려주었다는 점이다. 이것만으로도 거래 업체로부터 신용을 인정받아 큰 도움이 됐다는 기업이 적지 않았다.

－《부실채권 정리》[7]

도매업자는 생산자와 소매상 사이에서 정보의 비대칭을 해소해주는 기능을 수행한다. 더욱이 당시 부실채권시장에서는 극심한 정보의 비대칭성이 존재하고 있었다. 비록 은행과는 달리 신규자금 지원 등을 통해 적극적인 기업회생 작업을 통해 기업 가치를 높이는 일을 주도적으로 수행할 수는 없었지만, 한국자산관리공사라는 공신력을 부여받은 제3자 기관의 도매업자로서 수행한 1차 분류 작업만으로도 정보의 비대칭성을 상당히 해소할 수 있었음을 시사해주는 증언이다.*

이런 채권 분류의 목적은 수요 창출이었다. 부실채권별로 그 성질에 관한 정보가 수요자에게 확실히 전달될 수 있게 채권을 분류하고 매각 방식을 정하는 것이었다. 이렇게 볼 때 부실채권 도매자로서 한국자산관리공사가 수행한 기능은 공급자와 수요자 간 극심한 비대칭 정보 격차를 극복하기 위한 정보 가공 기능이라고 볼 수 있을 것이다.

---

* 한국자산관리공사의 도매시장 기능은 재매각방식별 회수율 차이에서도 확인해볼 수 있다. 표 7-2에서 볼 수 있듯이, 대체로 선별 과정을 거친 매각 방식이 일괄매각하는 방식보다 회수율이 높았다.

공적자금 투입 방법 되돌아보기

앞서 논의했듯이, IMF사태 극복 과정에서 총 168.7조 원의 공적자금이 투입됐다. 당시 GDP의 약 20퍼센트에 해당하는 규모다. 많다면 많은 금액이다.

그러나 공적자금의 과다보다 더 중요한 것은 투입된 자금이 얼마나 회수됐느냐일 것이다. 회수되지 못한 공적자금은 결국 국민세금으로 메꿔야 하기 때문이다. 보는 시각에 따라 차이가 있을 수는 있지만 공적자금 투입분 중 국민세금으로 이미 메꿨거나 앞으로 메꿔야 할 규모는 40퍼센트를 상회하는 68.4조 원이다.[**] 공적자금의 당위성을 부정하는 것은 아니지만 나름 비싼 대가를 치른 것이다.

공적자금의 회수율을 높일 수 있는 방법은 무엇일까. 가장 중요한 것은 공적자금을 적기에 투입하는 것이다. 다음은 최범수 당시 금감위 자문관의 발언을 인용한 이헌재 장관의 회고담이다.

공적 자금이 얼마나 필요하냐고 묻는 건 화재 현장에서 불을 끄려면 물

[**] 표 7-1에서 보듯이 공적자금 168.7조 원은 IMF사태 초기에 투입된 정부와 한은자금(공공자금), 예금보험공사와 한국자산관리공사가 채권 발행을 통해 조달한 자금(협의의 공적자금)과 회수자금의 재사용분으로 구성돼 있다. 이 중 초기에 투입된 공공자금 19.4조 원과 예금관리공사와 한국자산관리공사가 발행한 채권 104조 원 중, 회수자금 초과분으로 금융기관분담분(20조 원)을 제외한 정부 상환부담분인 49조 원을 합친 68.4조 원이 결국 국민세금으로 귀착된 것으로 볼 수 있다. 금융기관 부담분 20조 원은 2004년부터 2027년까지 매년 예금 잔액의 0.1퍼센트의 부과금을 부과해 조달하고 있다.

이 몇 리터나 필요하겠느냐고 묻는 것과 같다. 불이 얼마나 번질지 누가 알겠는가. 한 가지 분명한 건 화재 진압을 빨리 시작할수록 물이 적게 든다는 거다. 공적자금도 마찬가지였다. 빨리 투입할수록 적게 든다. 결국 시간과의 싸움이었다.

– 《위기를 쏘다》[8]

그러나 공적자금 투입의 적시성만큼 중요한 건 투입 방법이다. 화재 현장에 비유하자면, 물을 사용해서 불을 직접 진압하는 것도 중요하지만 불이 번질 것이 불가피하다면 주변에 인화성 높은 물질을 빨리 찾아내 미리 물을 뿌려두는 것이 궁극적으로 화재 피해를 줄이는 길이될 수 있다. 극심한 신용 경색이 진행되던 IMF사태 초기 상황에서 피해를 줄이기 위해 잠재적 부실을 미리 찾아내 선제적으로 대응했던 것과 마찬가지다. 빠른 기업구조조정이 공적자금의 회수율을 높여줄 수 있다는 얘기다.

그런데 화재 현장과 IMF사태 초기 상황이 다른 점은 화재 현장의 인화성 물질과 달리 잠재적 부실 여부를 판단할 수 있는 객관적이고 완벽한 정보가 없었다는 점이다. 부실 여부를 가장 잘 아는 것은 기업이겠지만 기업이 가진 정보는 일방적이다. 기업이 아무리 회생가능성을 장담하더라도 채권자들은 이를 그대로 받아들이지 않는다. 회생이 불가능한 기업도 똑같이 회생가능성을 주장할 수 있기 때문이다. 더욱이 당시 IMF사태 초기 상황에서 채권자들인 채권금융기관들은 자기 생존마저 위협받고 있는 상황이었다. 이 장의 논의는 이런 상황에서 공적자금을 금융기관을 경유해 간접적으로 투입하는 방식이 오히려 빠른 기업구조조정을 유도할 수 있음을 보여준다.

- 정부가 채권금융기관을 배제하고 기업에 직접 공적자금을 투입한다면 채권 금융기관은 굳이 기업구조조정을 적극적으로 해나갈 유인이 없어진다. 오히려 기업구조조정이 지연될 수 있다. 채권금융기관의 도덕적 해이를 줄이려면 빠른 기업구조조정이 채권금융기관에도 도움이 되는 환경을 조성해야 한다. 이런 관점에서 공적자금을 금융기관에 투입하는 것은 기업구조조정 촉진 면에서 정부와 채권금융기관이 같은 배를 타는 것이 될 수 있다.
- 공적자금을 금융기관을 경유해 간접적으로 투입하는 방식은 극심한 신용 경색 상황에서 오히려 신용 경색을 해소하는 방안이 될 수 있다. 신용 경색의 본질은 정보의 비대칭성인데 어차피 시장에서 부실을 의심받고 있는 금융기관이라면 이를 빨리 정리하고, 해당 금융기관의 자산을 다른 금융기관이 인수해가도록 하는 것이 정보의 비대칭성을 해소할 수 있다.
- 부실채권시장에서 공신력을 인정받은 제3자 기관이 도매시장 역할을 하는 것도 정보의 비대칭성을 해소하는 역할이 될 수 있다.

상황이 달라지면 이런 결론도 달라질 수 있다. 그러나 관건은 정보의 비대칭성이다. 정보의 비대칭성 정도가 심각할수록 이를 빨리 해소하는 것이 결국 피해를 줄이는 길이다. IMF사태 초기 극심한 신용 경색 상황에서 정부는 공적자금의 간접투입 방식을 선택했다. 물론 이는 당시 국가신인도 자체가 의심받던 상황에서 유일한 대안이었을 것이다. 후견지명이지만, 간접투입 방식은 결과적으로도 신용 경색의 근본 원인인 정보의 비대칭성을 해소해주는 효과가 있었다고 본다.

8장

끝없는 대립,
노사관계 해법은 없나

한국의 노사관계, 바뀔 수 있을까

정리해고제가 이 땅에 들어온 건 1997년 외환위기 때문이다. IMF와 미국이 강력히 요구했다. IMF는 구제금융의 전제조건으로 정리해고를 내걸 정도였다. 미국도 김대중 후보가 당선되자마자 데이비드 립턴David Lipton 재무부 차관보를 당선인의 일산 자택으로 보내 정리해고제 도입에 대한 김대중 대통령의 의지를 재확인했다. 친노동자 성향의 김대중 대통령도 어쩔 수 없이 '주어진 개혁'을 받아들였다. 김대중 대통령은 노조의 동의를 적극적으로 구했다.

1998년 2월 노사정 합의를 통해 마침내 정리해고제가 도입됐다. 당시엔 정리해고제만 도입되면 노동시장의 유연성을 제고할 수 있을 것이라 믿었다. 노동시장 개혁이란 큰 숙제를 풀어냈다고 생각했다. 전 국민이 금 모으기 운동에 나서고 있는 만큼 노사정위원회도 합심해 외환위기의 시련을 극복하는 데 힘을 보탤 것으로 믿어 의심치 않았다.

그러나 이런 생각이 얼마나 큰 착각이었는지 깨닫는 데는 6개월이면 충분했다. 현대자동차(이하 현대차)가 법 규정대로 우선 5차에 걸쳐 희망퇴직자를 모집한 뒤 7월 말 1,539명의 정리해고 대상자를 통보했음에도 노조가 강력하게 반발한 것이다. 그 후 한 달여 동안 현대차와 관련 계열사 사업장은 거센 노사 분규에 휘말렸고 결국 공권력 투입을 부르게 된다. 막무가내인 노조의 반발에 부딪쳐 결국 우여곡절 끝에 현대차 정리해고자는 277명으로 줄어든다. 나라가 부도 위기에 몰린 긴박한 상황에서도 노사 간 대립각은 거세고 단단하기만 했다. 하물며 평소에는 어땠을까.

왜 한국의 노사관계는 이렇듯 대립적일까. 다른 나라의 경우와는 어떻게 다른가. 바꿀 수 있는 방안은 없을까. 이런 질문에 대해 게임이론을 통해 답을 찾아보는 게 이 장의 주제다.

죄수의 딜레마 게임을 무한반복하라

미국의 한 연구자들은 노동조합이 기업 도산에 어떤 영향을 미치는지 실증연구[1]했다. 연구자들은 도산한 기업이나 폐쇄된 사업부문으로 표본대상(도산기업군)을 구성하고, 표본기업들의 3년 전 경영 성과와 도산하지 않은 기업군(일반기업군)의 경영 성과를 비교해보았다. 그

표 8-1 미국의 도산기업군과 일반기업군 간 경영 성과 분석 결과

특징	기업		사업 분야	
	일반	도산	일반	도산
관찰대상 수	252	67	255	59
창립 후 존속 기간	67.0	34.0	37.50	33.12
매출액(단위: 백만 달러)	3,709.00	380.66	875.40	467.90
연구개발(단위: 백만 달러)	123.90	67.25	39.45	32.15
자산(단위: 백만 달러)	3,113.00	223.78	432.58	249.78
당기순이익/자산	0.10	−0.25	0.11	0.07
토빈Q지수(자기자본/자산)	0.46	0.18	–	–
고용인	28,522	2,354	5,803	2,786
노조조직율	74.6	34.3	51.0	50.8
노조참여율	24.0	23.9	30.1	31.6

미국의 도산기업을 일반기업과 비교분석한 연구 결과에 따르면, 도산기업군은 이미 도산하기 3년 전부터 일반기업군에 비해 자산대비 순소득이 줄어들고 수익성을 나타내주는 토빈Q(Tobin Q)지수도 현저히 떨어지는 것으로 나타났다. 한편, 노조의 존재 여부와 도산 여부는 음의 상관관계를 보이는 것으로 나타났다. 도산기업 중 노조가 있는 기업의 비율은 34.3퍼센트로, 일반기업의 노조조직율 74.6퍼센트보다 오히려 절반 정도로 낮은 것으로 분석됐다.

*자료 출처: Freeman, Richard B and Morris M. Kleiner

리고 노동조합의 존재 여부가 이들의 경영 성과에 어떤 영향을 미쳤는지 분석했다.

분석 결과, 도산기업군은 이미 3년 전부터 일반기업군에 비해 이윤이 현저히 떨어지는 현상이 나타났다. 그런데 도산기업군의 노조조직율 34.3퍼센트가 일반기업군의 74.6퍼센트에 비해 절반 이하로 낮았다. 노조가 있는 기업일수록 오히려 경영 성과가 좋았다는 얘기다.

같은 방식으로 한국의 노사관계를 실증분석[2]하면 어떨까. 결과는 정반대였다. 한국은 미국과 달리 도산기업군일수록 노조조직율이 높

았다. 미국의 노사가 공생을 추구하는 협력적 관계라면 한국의 노사는 대립적 관계라는 사실을 보여준다고 할 수 있다.

미국의 공생적 노사관계는 어떻게 이뤄졌을까. 연구자들의 설명은 이렇다. 오랜 경험을 통해 노사 협력이 서로에게 이득이 된다는 사실을 노사가 분명히 알게 됐다는 것이다. 경영자는 임금을 경쟁업체보다 높여주는 것이 새로운 경쟁자 출현을 어렵게 함으로써 장기적으로 이윤을 지키는 길이라고 생각한다. 노동자들도 당장의 임금 인상보다는 기업의 수익성을 높이는 것이 중장기적으로 자신들에게 더 이득이라는 점을 체득했다. 오랜 경험을 통해 노사 양측이 중장기적인 시각에서 노사관계를 볼 수 있게 됐다는 것이다.

이런 상황을 게임이론에 대입해보면 어떻게 될까. 그림 1은 앞서 언급한 죄수의 딜레마 게임을 노사 간 협상으로 바꿔본 것이다. 노사가 타협한다면 서로 윈윈할 수 있다. 반면, 어느 한쪽이 거부하면 다른 한쪽은 혼자 손해 보기 싫어 비타협적으로 나올 수밖에 없다. 결과는 양쪽 모두의 손해. 이때 이런 게임이 한 번에 끝나는 게 아니라 끝없이 이어지는 것이라면 어떻게 될까. 노사협상의 틀이 바뀔 것이다. 사실 노사협상이라는 용어 자체가 성립하려면 게임이 한 번에 끝나지 않고 반복적으로 이어질 것이란 사실을 노사가 서로 알고 있다는 전제가 있어야 한다. 단 한 번으로 게임이 끝난다면 애초 노사 간 협상은 성립하지 않을 것이기 때문이다.

그런데 게임이 반복되더라도 게임 횟수가 미리 정해져 있다면 어떻

그림 1 노사 간 협력 대 비협력 게임

		노동조합	
		타협	비타협
경영진	타협	3.3	0.4
	비타협	4.0	1.1

게 될까. 결론은 단 한 번의 게임과 마찬가지다. 마지막 게임을 가정해보자. 노사 양측은 서로 상대방이 비타협적으로 나올 때 더 많은 이득을 취하게 된다는 사실을 알고 있다. 상대방이 비타협적으로 나온다면 자신도 타협하지 않는 게 최선이다. 마지막에서 두 번째 게임도 마찬가지다. 바로 직후 게임에서 서로 상대방이 타협하지 않는 것이 최선이라고 생각할 것임을 알고 있으므로 마지막에서 두 번째 게임에서도 협력하지 않으려 할 것이다. 결국 노사는 서로 처음부터 비타협적이 된다. 즉 횟수를 미리 정해놓고 하는 반복 게임에서는 단 한 번의 게임과 똑같은 '죄수의 딜레마'가 작동하는 것이다.

그런데 횟수의 제한이 없는 무한반복 게임이라면 어떨까. 노사 어느 한쪽이 응징전략(일명 '앵무새전략')을 선언했다고 하자. '앞에서 상대가 협력했다면 나도 협력하고, 상대가 협력하지 않았다면 나도 협력하지 않는다'는 대응원칙을 미리 천명한 것이다. 상대편은 선택의 기로에 서게 된다. 타협하지 않으면 당장 그 게임에서는 3(4-1)만큼의 이득을 얻을 수 있다. 하지만 그다음부터는 모든 게임에서 타협을 선택한 것에 비해 2(1-3)만큼의 손실을 감수해야 한다.

왜 그런가. 응징전략을 선언한 상대방은 다음 게임에서 무조건 비타협을 선택한다. 이때 내가 타협을 선택한다면 그 게임에서는1(1-0)만큼의 손해를 본다. 그런 손해를 감수하지 않으려면 나도 비타협을 선택해야 한다. 이런 식으로 무한반복이 이뤄진다. 결과적으로 매 게임마다 서로 타협하면 얻을 수 있는 이득 3을 포기하고 1만큼의 이득으로 만족해야 한다. 이런 상황이라면 나든 상대방이든 애초부터 비타협을 선택하기가 쉽지 않을 것이다.*

이를 노사관계에 적용해보자. 미국의 노사관계가 무한반복의 게임이라고 한다면, 한국의 노사관계는 게임 횟수가 정해져 있는 한정반복의 게임이라고 볼 수 있다. 미국의 노사관계는 서로 타협하지 않으면 손해라는 인식에서 공생의 노사관계가 이뤄질 수 있는 반면, 한국의 노사관계는 무한반복 게임의 논리가 잘 작동하지 않고 있다는 얘기다. 그렇다면 한국의 노사관계는 왜 미국처럼 공생의 노사관계가 이뤄지지 못하는 것일까.

무한반복되는 죄수의 딜레마 게임이 이뤄지지 못하는 이유는 다음

---

* 정치학자 로버트 액설로드(Robert Axelrod)가 1980년에 실시한 실험에 따르면, 현실에서는 굳이 무한정 반복이 아니더라도 게임 반복 횟수가 많아지면 응징전략이 우수한 결과를 얻는다고 한다. 액설로드는 죄수의 딜레마를 200회 반복해서 플레이하도록 하는 컴퓨터 프로그램을 만든 뒤, 리그전에서 싸우도록 해서 최고 점수로 우승자를 가리게 했다. 14명이 참석한 이 리그전에서 최종 우승은 응징전략을 구사한 참가자에게 돌아갔다.

세 가지 측면에서 찾아볼 수 있다. 첫째, 노사 어느 한쪽이 미래에 대한 할인율이 매우 높은 경우다. 할인율이 100퍼센트라면 미래에 얻을 이득이 아무리 많아도 현재 가치는 0이다. 미래 할인율이 높을 경우 당장의 이득을 택하게 된다. 타협하지 않으면 일단 3의 이득을 챙길 수 있다. 미래에 반복적으로 2만큼의 손해를 본다 해도 상관없다. 현재의 1원이 미래의 억만금보다 낮다고 생각하기 때문이다. 이런 상황에서는 내가 아무리 미래의 수익을 중시한다 해도(미래에 대한 할인율이 낮다고 해도) 선택의 여지가 없다. 상대에 맞서 나도 비타협을 택할 수밖에 없다. 결국 무한반복 게임이 단 한 번의 게임으로 바뀌는 셈이다.

둘째, 정보가 불확실한 경우다. 위의 게임은 상대방이 어떤 이득을 갖는지에 대해 노사 양측이 모두 확실히 알고 있음을 전제로 한다. 즉 완전정보 상황의 게임이다. 그런데 불완전정보 상황에서 게임이 이뤄진다면 상황이 완전히 달라진다. 더구나 정보가 노사 어느 한쪽만 가지고 있는 비대칭적 정보라면 5장의 중고차시장에서 논의했듯이 협상 자체가 이뤄지지 않을 수도 있다.

마지막으로 만약 노사 어느 한쪽이라도 응징전략을 사용하기 어려운 상황이라면 아무리 무한반복 게임이라도 타협적 노사관계가 이뤄지지 않을 수 있다. 이때 중요한 것은 응징전략이 '믿을 만한 위협 credible threat'으로 작용해야 한다는 점이다. 내가 응징전략을 선언했다 하더라도 상대가 믿어주지 않는다면 결과는 단 한 번의 게임이나 마찬가지가 된다. 무한반복되는 죄수의 딜레마 게임이 가능하려면 노사 양측은 상대방이 '효과적인' 응징전략을 실천에 옮길 것이라고 믿어야 한다는 얘기다.

한국의 노사관계는 이 세 가지 전제를 다 갖추고 있다. 무한반복되는 죄수의 딜레마 게임이 애초 불가능하다는 뜻이다. 왜 그런가. 하나하나 이유를 찾아보자.

직장을 잃는 비용

외국인에게 "하는 일이 무엇입니까?What do you do?"라고 물으면 아마 회사원, 교수, 엔지니어라고 '직업'을 말할 것이다. 만약 똑같은 질문을 한국인에게 한다면 어떨까. "oo철강회사에 다녀요", "oo통신회사에 나갑니다"라는 식으로 대답할 가능성이 크다. 한국의 노동시장에선 첫 직장이 평생 직장이 되는 경우가 많기 때문이다.

단순히 첫 직장에 대한 한국인들의 남다른 충성심을 말하자는 게 아니다. 한국에서 직장을 옮기는 게 얼마나 어려운 일인가를 말하려는 것이다. 연공서열식 직장문화가 자리 잡고 있는 한국노동시장은 경력직 사원의 이직을 좀체 허락하지 않는다. 재취업시장도 비대칭정보시장이기 때문이다. 어느 특정 기업에서 축적된 경력은 그 직장에서는 잘 통하지만 다른 직장에서도 통할 수 있을지는 확신하기 어렵다. 구직자가 아무리 본인의 경력과 실력을 자랑하더라도 뽑는 쪽에

표 8-2 직장규모별 임금 격차 (단위: 천 원)

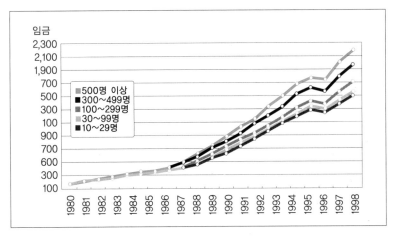

* 자료 출처: 노동연구원

표 8-3 정규직과 비정규직 임금 격차(2003년 기준) (단위: %)

	연금	의료보험	고용보험	퇴직금
정규직	96.6	97.6	79.5	98.8
비정규직	26.4	28.9	26.0	16.0
임시직	25.1	27.5	24.7	14.2
파트타임	2.0	2.7	3.0	1.8
일용직	3.6	0.2	1.7	–
특수직	22.1	24.5	20.8	17.0
파견	52.0	55.1	52.0	46.9
하청	55.2	69.7	52.3	42.2
근로자 평균	57.7	59.5	49.8	52.9

* 자료 출처: 노동연구원

한국의 임금수준은 기업 규모에 따라 차이가 있으며 그 격차는 시간이 경과할수록 확대되고 있다. 한편 정규직과 비정규직 간 처우도 현격한 차이가 있다. 통계치는 IMF사태 직후의 상황을 보기 위해 가급적 2000년 초반의 자료를 활용했지만, 전반적인 추세는 최근 상황과 크게 다르지 않다. 비정규직도 고용 형태에 따라 차이가 있지만 특히 임시직, 파트타임직 경우에는 특히 4대보험에서 차별대우를 받고 있다. 따라서 대기업 근로자가 직장을 잃을 경우 그 상실감은 더 심할 수 있다. 이는 대기업일수록 노동조합이 월등히 많고, 노사관계도 대립적으로 나타나는 요인의 하나가 되고 있다.

선 이를 곧이곧대로 받아들이지 않을 것이다. 이런 비대칭정보시장에선 거래 자체가 성립되기 어렵다는 사실을 우리는 앞서 중고차시장의 사례에서 이미 확인한 바 있다.

또한 설령 구직자가 용케 다른 직장으로 옮긴다 한들 첫 직장의 경력을 그대로 인정받기가 쉽지 않은 게 현실이다. 연공이 높은 직장인일수록 더 심하다. 첫 직장을 잃었을 때 다른 직장으로 옮기기도 힘들뿐 아니라, 설령 다른 직장을 구하더라도 첫 직장에서 누렸던 지위나 대우와는 많은 차이가 생긴다. 이 차이가 한국노동시장에서는 매우 크다. 표 8-2가 보여주듯이 한국노동시장에서 대기업과 중소기업 간 임금 격차는 점점 확대되고 있다. 규모가 큰 직장에서 규모가 작은 직장으로 옮기는 이직비용이 그만큼 크다는 얘기다. 작은 규모의 직장에서 정규직 지위마저 얻지 못한다면 이직으로 치러야 할 비용은 더욱 커질 수 있다. 정규직과 비정규직의 처우 차이가 무척 크기 때문이다.

이런 노동시장 여건에서는 대규모 사업장 근로자들이 느끼는 이직비용이 중소기업 근로자에 비해 당연히 훨씬 클 수밖에 없다. 그만큼 실직을 줄이기 위한 안전장치를 마련하고자 하는 욕구도 높을 것이다. 표 8-4처럼 대규모 직장일수록 노조가입률이 높은 것도 그런 욕구를 반영한 결과일 것이다. 결국 대기업 노조의 완강한 기득권 지키기도 사실은 우리 노동시장 현실을 반영한 '당연한' 현상일 수 있다는 얘기다.

이처럼 이직비용이 높은 상황에서 근로자가 느끼는 미래에 대한 할인율은 높을 수밖에 없다. 직장을 잃을 경우 내일을 기약하기 어렵다

표 8-4 직장 규모별 노동조합 참여율(2003년 기준)　　　　　(단위: 명, 개, %)

	총 계	⟨30	30–99	100–299	300–499	500–999	⟩1000
노조 수	60,107	2,333	1,727	1,333	243	200	181
	비중	38.8%	28.7%	22.2%	4.0%	3.3%	3.0%
조합원 수	1,536,846	26,292	101,691	220,806	92,724	135,886	959,444
	비중	1.7%	6.7%	14.4%	6.0%	8.8%	62.4%

우리나라는 대기업일수록 높은 노조참여율을 보인다.
* 자료 출처: 노동연구원

는 것을 다 알면서 당장 직장을 잃을 위험을 감수해가며 미래를 위해 타협적인 자세를 취하는 일은 아무리 성인군자라도 쉽지 않을 것이다.

해법은 이직비용을 낮추는 데 있다. 기존 직장을 뛰쳐나오더라도 재취업의 기회가 있어야 한다. 이를 위해서는 연공서열식 보수체계를 직무성과급 중심으로 바꿔야 한다. 재취업시장에 나온 구직자의 경력을 단순히 그 직장에서 오래 근무한 전력으로 취급하기보다 해당 직무의 숙련도를 객관적으로 입증해주는 지표로 받아준다면 비대칭정보시장의 문제점은 상당히 해소될 수 있을 것이다.

취업알선기관도 재취업시장의 비대칭정보 문제 해소에 기여할 수 있다. 직업알선뿐 아니라 구직자에 대한 직업훈련도 매우 중요하다. 직업훈련은 구직자의 직업 능력을 높이는 실질적인 기능 이외에도 재취업시장에서 구직자와 구인자 간 비대칭정보의 간극을 메우는 매개 기능도 수행할 수 있기 때문이다.

이런 맥락에서 OECD 회원국 간 적극적으로 노동시장 정책을 수

표 8-5 OECD 회원국 간 적극적 노동시장정책 지출항목별 구성비 비교
(2000년 기준)　　　　　　　　　　　　　　　　　　　　　　　(단위 : %)

국가	직업알선	직업훈련	청년 관련	고용보조	장애인 관련	합계
핀란드	11.2	32.7	17.8	29.9	8.4	100
독일	18.7	27.6	6.5	25.2	22	100
벨기에	14.1	18.5		59.3	8.9	100
프랑스	12.5	20.6	30.1	30.1	6.6	100
스페인	5.1	29.6	6.1	41.8	3.1	100
포르투갈	21.6	58.8	35.3	17.6	2	100
네덜란드	15.9	19.1	2.5	26.1	36.3	100
스웨덴	18.8	22.5	1.4	19.6	37.7	100
덴마크	7.1	54.2	6.5	11	21.3	100
일본	39.3	10.7		46.4	3.6	100
한국	8.7	19.6	2.2	67.2	2.2	100
오스트리아	26.5	34.7	8.2	20.4	10.2	100
노르웨이	15.6	10.4	1.3	1.3	71.4	100
스위스	22.9	18.8	2.1	27.1	29.2	100
호주	44.4	4.3	15.6	24.4	11.1	100
뉴질랜드	12.7	32.7	25.5	20	9.1	100
영국	36.1	13.9	41.7	2.8	5.6	100
캐나다	39.2	33.3	5.9	15.7	5.9	100
미국	26.7	26.7	20	6.7	20	100

* 자료 출처: 노동연구원

표 8-6 OECD 회원국 간 적극적 노동시장정책 지출 비교(2003년 기준)　(단위: 대 GDP 비율 %)

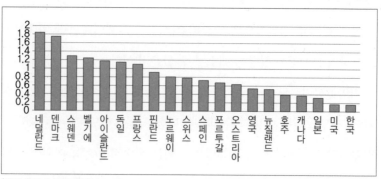

* 자료 출처: 노동연구원

IMF사태 이후 고용보험 확대를 통해 우리나라도 직업훈련, 직업알선 등 적극적 노동시장정책(active labor market policy)이 늘어나고 있으나, OECD 회원국 중에서는 여전히 최하위를 차지하는 등 크게 부족한 상황이다. 더욱이 이런 지출도 주로 고용보조금 등 고용을 유지하는 데 사용되고 있으며 직업훈련, 직업알선 등 전직을 지원할 수 있는 지출은 상대적으로 적다. 고용보험의 재원이 현직 근로자들로부터 조달되고 있는 만큼 청년층, 장애인에 대한 지출도 상대적으로 적은 편이다.

행할 때 드는 비용을 비교한 표 8-5는 나름 의미가 있다. 다른 OECD 회원국들은 직업알선이나 직업훈련이 주요 지출 항목인 반면, 한국의 경우 기존 직장의 일자리를 유지하기 위한 보조금이 주요 항목을 차지하고 있다. 지출 규모(표8-6)도 OECD 평균에 못 미친다. 재취업시장이 원활하게 작동돼야 이직비용을 줄일 수 있다. 건강한 재취업 생태계 구축이 타협적 노사관계 정착을 위한 필수 투자란 인식이 필요하다.

불완전정보와 회계투명성

"임금투쟁보다는 부패척결에 앞장서겠다." 1993년 5월 1일 노동절을 맞아 노동단체들이 내건 슬로건이다. 노동조합 설립의 근본 목적은 근로조건 개선이고 그중 핵심이 임금이다. 하지만 한국의 노동조합이 내세운 건 부패척결이었다. 비단 1993년에만 그런 게 아니다. IMF사태 이전까지 노조의 슬로건은 노조의 선명성을 부각시킬 수 있는 주제를 선택하는 게 일반적이었다.

노조의 이런 전략은 노조 입장에서는 일석이조 효과가 있었다. 선명성이 부각되면 노조는 정치적 영향력을 강화할 수 있다. 이는 결과적으로 근로조건 개선으로 이어진다. 한국적 상황에 맞춘 전략이라고 할 수 있다. 실제로 한국노동조합운동의 분수령이라 할 수 있는 1989년 6월

29일 당시 노태우 민정당 후보의 6·29민주화선언 이후 노조운동의 특징적 변화는 다음 세 가지로 요약된다.

첫째, 상대적으로 파업 효과가 크지 않는 경공업 부문에선 노조운동이 약화됐다. 반면, 파업 효과를 극대화할 수 있는 중화학공업 부문에선 노조 결성이 확대됐다. 둘째, 6·29민주화선언 이후 노동조합은 생산직 근로자에 국한되지 않고 사무직 근로자까지 확대됐다. 셋째, 한국노동조합총연맹(이하 한국노총) 외에 전국민주노동조합총연맹(이하 민주노총)이 상위노조로 출범하면서 양 노조 간 선명성 경쟁도 치열해졌다.

이런 노조 활동의 흐름은 노조 수 자체가 1987년을 정점으로 줄어들었음에도 노사분규를 증가시키는 요인으로 작용했다. 이 과정에서 노조의 정치적 영향력도 자연스럽게 확대돼갔다.

세상이 달라지면서 경제 분야에서 가장 두드러진 변화는 노동 분야였다. 잔뜩 눌려 있던 용수철이 튕겨 나오듯이 노동계는 정권이 출범도 되기 전부터 6·29선언을 기점으로 봇물처럼 터져나왔다. 1987년 들어 8개월 사이에 노사분규가 3,000건이 넘었는데, 이는 그 전해에 비해 무려 15배에 달하는 수치였다. 정부 정책도 기업의 사업도 노동자의 요구를 수용하지 않고는 아무것도 할 수 없었다.

- 《대통령의 경제학》[3]

이런 노조의 분출에 빌미를 제공한 것이 기업의 불투명 경영이었다. 대우그룹 워크아웃에서 여실히 드러났듯이 투명하지 못한 회계는 투명한 정보 제공과는 거리가 먼 것이었다. 이는 경영진에 의해 경영 정보가 독점되는 비대칭정보 상황에 가깝다. 역설적으로 IMF사태는 이런 노사환경을 획기적으로 개선할 수 있는 기회를 제공했다. 1988년 1월 15일, DJ는 대통령 취임 전에 노사정위원회를 출범시켰고, 최측근인 한광옥을 초대위원장으로 임명했다. 한 달여 토론 끝에 나온 합의안은 다음과 같았다.

- **노동조합**은 노동시장의 유연성 제고를 위해 정리해고제 도입과 파견근로자 확대에 동의한다.
- **경영계**는 구조조정을 강화하는 한편, 경영의 투명성을 높이고 실업보험 확대 등 사회안전망 강화와 함께 노조단결권 확대에 동의한다.
- **정부**는 고용 안정을 위한 정책적 노력과 함께 전국교직원노동조합, 공무원 노조 허용 등 노조의 단결권 확대를 지원한다.

이런 합의는 대체로 실천됐다. 가장 큰 변화는 회계투명성이었다. IMF사태 극복 과정에서 기업투명성은 크게 높아졌다. 회계 감사와 공시 등 회계투명성 분야에 제도 개선이 집중됐기 때문이다. 제도 개선이 곧바로 실천으로 이어지는 것은 아니지만 한국개발연구원에 따르면 회계투명성 분야가 다른 분야에 비해 제도 개선과 이행 간의 격차가 적은 것으로 나타났다.

표 8-7 기업지배구조 개선 분야별 제도 개선과 이행 간의 격차

표 8-7 기업지배구조 개선 분야별 제도 개선과 이행 간의 격차

	제도개선지수(A)	실행지수(B)	격차(A-B)
회계투명성	0.79	050	0.29
공 개	0.88	0.47	041
회계감리	0.63	053	010
감시 등 주주 권리	0.72	0.39	0.33
감시기구의 독립성	0.50	0.47	0.03
감시기구의 권한	1.00	0.51	0.49
주주의 대표소송권	0.67	0.19	0.48
경영자의 책임성	090	045	0.45
소수주주의 권리	088	0.34	0.54
적대적 M&A	1.00	056	0.44
평균	0.80	0.45	0.35

제도개선지표는 해당 분야 제도 개선 과제 중 실제 제도가 개선된 정도를 지수화한 것이며 실행지수는 해당 분야 이행 상황에 대한 전문가 조사를 지수화한 것이다(1에 가까울수록 이행 정도가 높은 것을 의미한다).
*자료 출처: 김준경(한국개발연구원, 2009), Kim, Joon-Kyung, Post-crisis Corporate Reform and Internal Capital Markets in Chaebols, KDI School Working Paper 09~15, 2009

　　이로써 한국에서도 불완전정보 상황보다는 완전정보 상황에 근접한 상태에서 노사관계가 진행될 수 있는 여건은 마련됐다고 볼 수 있다. 우리나라의 노사관계를 미국과는 달리 한정반복되는 죄수의 딜레마 게임으로 변모시키는 세 가지 요인 중 적어도 한 가지는 해소되고 있다는 얘기다. 지금부터 우리의 노사관계를 대립관계로 만드는 마지막 요인인 '응징전략'이 우리나라에서 과연 얼마나 통하고 있는지 살펴보자.

통하지 않는 응징전략

1989년 6월, 국회노동위원회는 임금인상 문제로 노사분규를 겪고 있는 대우조선 거제 현장을 찾아 노조 측으로부터 협상 경위에 대해 설명을 들었다. 2년 전 노사분규 때 제3자 개입 문제로 이미 조사단을 파견했던 국회가 이번에는 노사협상이 진행되고 있는 상황에서 현장을 다시 찾은 것이다. 노사가 어렵게 무노동 무임금 원칙에 합의한 지 채 1년도 안된 시점이었다. 노사협상은 김우중 회장이 직접 협상에 참여해 원만하게는 타결됐지만, 정치권이 노사협상에 관여했다는 선례를 남겼다. 그러다 보니 걸핏하면 정치권이 노사관계에 개입하게 됐다.

(노무현 대통령은) 인권변호사로서 어려운 지경에 처한 노조를 열심히 도왔고, 김대중정권 초기 현대차 파업사태 때는 국회의원 신분으로 직접 현장에 가서 중재를 섰다. 이때도 말이 중재였지 어디까지나 노조를 편들었다.

– 《대통령의 경제학》[4]

물론 대통령으로서의 노무현은 달랐다. 참여정부는 출범 뒤 화물연대 파업, 철도노조 파업, 조흥은행 파업이 줄줄이 이어지자 법과 원칙을 강조했다. 그러나 이미 강력해진 노조의 영향력을 법과 원칙의 틀 안에 묶어놓기에는 역부족이었다.

1989년 대우조선 노사분규 현장을 찾은 국회노동위원회. 당시 노조 측 변호사로 참석한 노무현 대통령의 모습이 보인다.

* 자료 출처: 《동아일보》, 1989. 6. 19

이미 거대한 기득권 세력으로 자리 잡은 한국노조의 집단이기주의의 실체를 그(노무현 대통령)는 너무 과소평가했던 것이다. 그 여파는 계속 확대되어 확고한 정치세력으로 자리매김하기에 이르렀다.

-《대통령의 경제학》[5]

정치세력화한 노조에 대해 경영진이 아무리 응징전략을 쓴다 한들 통할 리가 없다. 노조가 경영진의 응징전략을 '신뢰할 만한 위협'으로 받아들이지 않은 상황이니 미국식의 타협적인 노사관계 정착도 기대난망일 수밖에 없었다.

응징전략 성공 사례, 두산중공업

응징전략은 경영진에게도 부담이다. 노조의 비타협적 요구를 견뎌내자면 회사로서도 당장 상당한 손실을 감내해야 하기 때문이다. 한 두 해만으로 끝나는 일도 아니다. 응징전략이 상대방도 인정할 수밖에 없는 위협수단으로 자리 잡으려면 그만큼 오랜 기간에 걸쳐 평판이 쌓여야 하기 때문이다.

두산중공업이 바로 이런 사례다. 두산중공업은 1990년대 과격한 노사분규의 대명사였던 한국중공업이 민영화한 회사다. 2001년 한국중공업 인수에 성공한 두산그룹은 당시 그룹 회장이면서 계열사 대표이사직을 직접 맡았던 박용성의 진두지휘 아래 구조조정에 착수한다. 명예퇴직과 함께 외주를 확대하고 소사장제를 실시하겠다고 밝혔다. 강성노조가 여기에 응할 리 없었다. 그해 내내 부분 파업, 전면 파업, 부서별 파업이 이어졌다. 임금단체협상은 연말에 가서 경영진이 소사장제를 철회한다는 양보안을 내면서 겨우 타결됐다. 그러나 이는 전초전에 불과했다.

2002년에 들어 두산중공업 노조는 더 강경해졌다. 민주노총의 노동법 개정 반대 투쟁의 전위대 역할을 맡았다. 근로조건과 아무 관계 없는 사안에 노조가 뛰어든 것이다. 경영진은 불법파업을 결정한 노조를 단체교섭 상대로 인정하지 않고 파업을 주도한 노조 간부를 대량 징계했다. 회사가 입은 손해에 대해 배상도 청구했다. 노조는 천막

농성과 전면파업으로 대응했다. 경영진은 다시 단체협약을 일방적으로 해지하는 강경 대응으로 맞섰다. 한 치의 타협도 없이 팽팽하게 이어지던 노사 대치는 연말에 가서야 간신히 끝났다. 노사는 어렵게 합의에 이른다.

그러나 노사합의문의 잉크가 마르기도 전인 2003년 초 노사 대치가 다시 시작됐다. 2002년 파업에 참여했다가 형사처벌(징역 1년에 집행유예 2년, 정직 3개월, 개인재산과 임금 가압류)을 받은 노조원(배달호)이 분신자살한 것이다. 동료의 죽음 앞에 노조는 강력히 반발했다. 신임 권기홍 노동부 장관이 중재에 나서고 경영진이 양보안을 제시함으로써 파업 사태는 63일 만에 가까스로 종료됐다.

그러나 경영진은 일부 양보에도 불구하고 큰 원칙은 지켜냈다. 개인에 대한 손해배상과 가압류는 철회했다. 하지만 노조에 대해서는 손해배상을 관철해냈다. 해고자 복직은 대상자 17명 중 5명에게만 선별적으로 허용했다. 전년도의 47일간 파업에 대해 무단결근 일수의 50퍼센트는 일률적으로 무노동 무임금 원칙을 적용했다.

민영화 초기 3년 동안 큰 진통을 겪은 노사관계는 2004년 들어 정상화하기 시작했다. 노사가 평화협정을 선언하고 분규 없이 임금단체교섭을 체결한 것이다. 한국중공업 시절까지 거슬러 올라가면 17년 만에 처음 있는 일이었다. 악성 노사분규의 대명사였던 두산중공업으로선 생각하기 어려운 변화였다. 경영진의 응징전략이 나름 효과를 발휘한 것이다.

두산중공업의 응징전략이 성공한 데는 오너의 직접 개입이 큰 효과를 발휘했다. 미국은 물론 유럽과 아시아 전체를 대상으로 광범위한 자료를 분석한 실증연구[6]에 의하면, 오너경영은 적대적 노사관계를 타협적 노사관계로 변모시키는 데 기여하는 것으로 나타났다. 1960년과 1990년의 노사분규를 분석한 결과, 1960년에는 오너경영 기업이 전문경영인 기업에 비해 노사분규가 더 많았지만 30년이 지난 1990년에는 전문경영인 기업보다 분규 발생이 훨씬 적었다는 것이다.

이런 분석 결과에 대한 연구자들의 해석도 흥미롭다. 오너경영인은 전문경영인에 비해 노조의 비타협적 요구에 대해 당장의 손실을 감내하면서라도 버티기 때문이라는 것이다. 노조 입장에서도 오너경영인에게 한번 약속을 얻어내는 게 어렵지 일단 약속하면 지킬 것이라는 신뢰가 있다는 것이다. 무한반복 게임에서 경영진의 응징전략과 일맥상통하는 해석이다.

타협적 노사관계로의 전환을 위한 제언

이번 장에서는 노사관계를 게임이론의 시각에서 살펴봤다. 비록 미국의 예를 들었지만 일반적으로 노사관계는 협상게임 Bargaining Game으로 설명된다. 대립보다는 공생의 노사관계가 일반적이라는 의미다. 그러나 미국이라도 공생적 노사관계만 나타나는 것은 아니다. 상황이 달라지면 얼마든지 노사관계가 적대적으로 바뀔 수 있다.*

우리나라 상황도 마찬가지다. 비록 IMF사태 이후의 노사관계는 대립적으로 전개됐지만, 이를 공생의 노사관계로 발전시킬 수 있는 가능성은 얼마든지 있다. 이번 장에서 살펴본 게임이론적 접근 방법은 그 가능성을 어떤 방향에서 찾아야 하는지 파악하는 데 도움이 된다.

첫 번째 방향은 첫 직장에서의 이직비용을 줄이는 것이다. 첫 직장을 그만두더라도 다른 직장을 쉽게 구할 수 있고, 또 그 직장의 처우가 첫 직장과 크게 차이 나지 않는다면 첫 직장에서의 노사관계도 대립적으로만 전개되지는 않을 것이기 때문이다. 이를 위해서는 앞서 지적했듯이 경력직 고용시장이 활성화돼야 할 것이다.** 물론 이를 위해서는 직무급이 정착될 필요가 있다. 그래야만 직장을 옮기는 과정에서 정보비대칭성을 해소해나갈 수 있다. 직업훈련, 직업알선 등 적극적 노동시장정책도 더 확대돼야 한다. 아울러 정규직과 비정규직의 처우 격차를 줄여나가는 것도 중요한 정책 방향이 돼야 할 것이다.

두 번째 방향은 경영의 투명성을 최대한 확보하는 것이다. 무한반복 게임 상황은 노사 간 완전정보를 공유하는 것을 전제로 한다. 노사

---

* 1970년대 US스틸이 적대적 노사관계로 변모된 사례라고 할 수 있다. 당시 US스틸은 신일본제철 등 대규모 시설투자를 앞세운 일본 철강회사의 등장에 대해 설비 투자를 늘리는 맞대응보다는 기존 설비의 가동률을 높이는 등 소극적으로 대응했다. 이런 US스틸 경영진의 대처에 대해 노조도 생산성 이상의 높은 임금 인상을 요구하기 시작했다. 회사가 잉여재원을 설비 확대 등 재투자에 사용하지 않는다면, 노동자도 높은 임금을 통해 잉여를 나눠 가져야 한다는 논리였다. 과도한 임금 인상은 결국 회사의 경쟁력을 저하시켜 회사의 경영 상황을 더욱 빨리 악화시켰다. 부부 경제학자였던 로렌스(Lawrence) 부부는 이런 US스틸의 경영 상황을 '엔드게임(End Game)'으로 해석했다.[7]

어느 한쪽이라도 정보를 독점한다면 게임 상황은 완전히 달라진다. 이런 차원에서 회계투명성은 완전정보 상황으로 가는 첫 단계다. 이밖에도 노사협의회 등을 통해 가능한 경영 정보를 노사가 공유하는 노력이 확대돼야 할 것이다.

마지막으로 정부가 더 이상 노사관계에 직접 개입하는 일이 없어져야 한다. 노사관계가 무한반복 게임 상황으로 전개될 수 있으려면 경영진의 응징전략만으론 불충분하다. 더 근본적인 환경 조성이 필요하다. 바로 노사관계는 노사 양자에 맡겨두어야 한다는 것이다. 정부의 역할은 법과 원칙의 엄정한 집행자에 머물러야 한다. 물론 이는 말처럼 쉽지 않은 일이다. 정부가 아무리 원칙을 천명한다 하더라도 노사가 이를 신뢰하지 않으면 의미가 없다. 정부의 법과 원칙 준수 의지에 대한 평판이 쌓이려면 인내하는 시간이 필요하다. 그동안 노사관계에 개입해온 선례가 있기 때문에 더욱 그러할 것이다. 그렇더라도 정부는 인내해야 한다. 마치 두산중공업의 경영진이 인내했던 것처럼 말이다. 앞으로 정부는 재취업시장 조성을 위한 노력은 더 적극적으로 강화하되 노사협상에 대한 개입은 아무리 상황이 어렵더라도 자제하는 인내가 필요하다.

＊＊ 비록 연공서열식 보수체계하에서도 일본처럼 종신고용이 보장된다면 노사관계가 반드시 대립적으로 전개되지는 않을 것이라는 견해가 있다. 일리가 있다. 그러나 그 답은 지금과 같은 세계화 경쟁시대에서 종신고용제가 지속가능한 고용체제일 것이냐에 달려 있다고 봐야 한다. 노사 양자 중 어느 한쪽이라도 종신고용제가 지속가능하지 않다고 판단하면 무한반복의 게임 상황은 성립되지 않기 때문이다. 실제로 최근에는 일본에서도 종신고용제를 포기하는 기업들이 늘고 있다.

9장

대기업과 중소기업, 상생이 답이다

대기업과 중소기업의 상생 가능성

"IMF도 한국의 독특한 어음제도를 잘 이해하지 못했어요. 고금리 처방을 주문하면서 한국기업들이 그처럼 속절없이 연쇄 부도에 빠져들 거라고는 생각하지 못했던 것 같아요."

IMF사태 초기, IMF조사단을 맞아 구제금융협상에 실무자로 참여했던 허경욱 당시 재경부 국제기구과장은 당시를 이렇게 돌아봤다. IMF사태 이전 중소기업들은 대부분 대기업 납품 후 대금으로 받은 상업어음(기업어음, 진성어음)을 금융권에서 할인해 자금을 융통하고 있었다.

IMF사태 발생 1년 전인 1996년 말 상업어음의 규모는 총통화의 37퍼센트, 약 66조 원. IMF사태를 맞아 대기업도 자금 애로를 겪고 있는 상황이다 보니, 대기업이 발행한 약속어음이 금융시장에서 통할 리가 만무했다. 어음 배서자들이 빚을 갚아야 하는 어음제도의 특성으로 인해,

한 기업이 부도나면 그 기업과 하청관계에 있는 기업들도 줄부도를 피하기 어렵다. 이렇게 해서 무너진 중소기업 수는 1998년 상반기만 해도 2만여 개. 어음제도로 엮인 대기업-중소기업 관계를 보여주는 한 단면이었다.

어음제도는 또한 중소기업에 대한 대기업의 중요한 '갑질' 수단이기도 했다. IMF사태 발생 이전 어음의 평균 결제 기간은 평균 90일을 훌쩍 넘고 있었다. 어음도 물품을 납품하면 바로 받는 것이 아니라 납품 후 32일이 넘어야 받을 수 있는 정도였다. 그러나 역설적으로 IMF사태는 어음 문제를 수면 위로 부각시킴으로써 오히려 이를 개선할 수 있는 기회가 됐다. IMF사태를 치유하는 과정에서 어음 결제 비중은 현격히 줄어들었다.

그렇지만 이로써 대기업-중소기업 간의 문제가 해결된 것은 아니었다. 오히려 2000년대 들어 대기업-중소기업 간 협상력 불균형에서부터 파생되는 문제가 확산되기 시작했다. 대기업의 납품단가 후려치기, 중소기업 기술과 인력 빼돌리기, 대리점에 잘 안 팔리는 물품 떠안기기 등. 이에 대한 문제 인식의 강도도 정권을 거듭하면서 높아지기 시작했다.

경제양극화를 발제한 참여정부가 대기업-중소기업 상생 문제를 발제한 것은 차치하더라도, 선거공약으로 '747' 성장전략을 제시한 이명박정부마저 임기 중반부터 동반성장을 거론하기 시작했다. 동반성장위원회가 구성되고, 첫 작품으로 중소기업 적합업종 16종이 지정됐다. 참여정부에서 폐지됐던 중소기업 고유업종제도가 대기업의 '자발적 참여'라는 분칠을 하고 다시 살아난 것이다.

18대 대선 과정에 진입하며 문제 인식은 더욱 강화됐다. 경제민주화가 정치권의 핫이슈로 등장하면서, 18대 정부가 출범하기 전부터 경제민주화를 표방한 각종 입법이 시도됐다. 이런 입법들은 대부분 '을'의 위치에 있는 중소기업을 보호한다는 명분으로 '갑'의 위치인 대기업의 손발을 묶는 규제의 형태를 취하곤 했다. 과연 이와 같은 규제만이 대기업-중소기업 문제를 풀 수 있는 유일한 해법일까. 이 질문에 대한 답을 찾으려면 대기업과 중소기업 간에 힘의 불균형이 발생한 근본적인 원인이 무엇인가에서부터 시작해야 할 것이다. 이를 바탕으로 이번 장에서는 대기업이 중소기업을 상생의 동반자로 인식할 수 있게 만드는 방법을 모색해보고자 한다.

중소기업 홀대에서 경제민주화까지

한국의 헌법 개정 역사는 한국의 경제발전사에 있어 중소기업 정책이 어떻게 변해왔는지 상징적으로 보여준다. 헌법 규정에 중소기업이 처음 등장한 것은 1963년 민선 박정희정부를 탄생시킨 제3공화국 헌법이다. 그러나 이때도 중소기업은 농민, 어민보다 뒷전이었다. 그것도 자조를 기반으로 한 협동조합의 법적 근거를 제공하는 정도의 소극적

내용이었다.

국가는 농민·어민과 중소기업자의 자조를 기반으로 하는 협동조합을
육성하고 그 정치적 중립성을 보장한다.

―1962년 12월 26일 전면 개정, 제3공화국 헌법 제115조

헌법 규정이 반영하듯 1980년 이전까지 중소기업 정책은 사실상
없었다고 해도 틀린 말이 아닐 것이다. 철강산업육성법, 조선산업육
성법, 자동차산업육성법 등 각종 개별산업 육성법이 운영됐지만, 이
는 사실상 최종 조립생산을 담당하는 대기업을 위한 지원법이었다.
대기업이 잘되면 협력 관계에 있는 중소기업도 자연스럽게 잘될 수
있다는 생각이 깊이 깔려 있었다. 금융 지원도 대부분 대기업이 참여
할 수밖에 없는 중화학 분야에 집중됐다[*](1장 참조). 이 과정에서 중소
기업은 홀대를 받을 수밖에 없었다.

유신정부가 무너지면서 상황은 달라지기 시작했다. 전두환 제5공
화국 정부를 탄생시킨 1980년 개정헌법에는 중소기업에 대한 별도 규
정이 등장했다. 농어민과는 별도로 중소기업에 대한 규정이 신설됐을
뿐 아니라, 내용도 중소기업에 대한 보호육성 의무를 명시적으로 정

---

[*] 1961년 중소기업 몫으로 중소기업은행이 설립됐지만, 중소기업의 자금 문제를 해결하기는 역부족이
었다. 한편 중소기업은행의 부분 업무로 시작된 보증업무는 1976년 별도의 신용보증기금이 설립되며
보강된다. 신용보증기금의 기능은 1997년 IMF사태 이후부터 본격적으로 확장되기 시작한다.

부에 부여하는 적극적인 내용이었다.

국가는 중소기업의 사업 활동을 보호·육성하여야 한다.

－1980년 10월 27일 전면 개정, 제5공화국 헌법 제124조 2항

금융권에 중소기업 의무대출비율 규제가 본격 가동되기 시작된 것이 바로 이 시기부터였다. 1980년대까지 30퍼센트대에 머물던 의무대출비율은 1990년대 중반 총여신의 55퍼센트까지 높아지기도 했다. 한편, 은행의 중소기업 대출에 대해서는 한국은행의 저리융자라는 혜택도 부여됐다. 이런 채찍과 당근을 동원한 정부의 적극적인 금융 지원으로 중소기업에 대한 금융권의 자금 지원은 급속히 늘어나기 시작한다. 당시 중소기업 대출의 주요 형태였던 어음할인의 경우 1980년대 초반 발행어음 총액의 17퍼센트 수준에 머물렀던 할인유통량이 1990년대에 들어서는 20퍼센트를 넘어섰다. 1996년엔 총 34조 원으로 어음발행 추산액 66조 원의 22.1퍼센트까지 올라갔다. 더욱이 이런 어음할인의 70퍼센트가 개발연대 기간 중 중소기업에 대해 문턱이 높았던 은행을 통해서 이뤄졌다.

1987년 6·29민주화선언 이후 그해 10월 29일 개정된 현행 헌법은 한 단계 더 나아갔다. 구 헌법의 중소기업보호규정을 유지하고 있을 뿐 아니라, 중소기업 정책에 있어서는 '경제민주화'라는 기본 철학까지 제시하게 된다.

국가는 균형 있는 국민경제의 성장 및 안정과 적정한 소득의 분배를 유지하고, 시장의 지배와 경제력의 남용을 방지하며, 경제 주체 간의 조화를 통한 경제의 민주화를 위하여 경제에 관한 규제와 조정을 할 수 있다.

– 현행 헌법 제119조 제2항

그러나 헌법 규정의 변화가 정책 변화로 이어지기까지는 시간이 걸렸다. 문민정부 시절이었던 1995년, 그동안 거의 사문화되다시피 했던 중소기업기본법이 전면 개정되고, 중소기업 정책을 관장하는 전담 부서까지 지정·운영된다. 중소기업 지원정책은 세제, 재정 지원, 중소기업 사업영역 보호를 위한 각종 규제 등을 망라했다. 중소기업 보호를 명분으로 1997년에는 중소기업 고유업종제도가 도입된다.* 중소기업에 대해 온갖 보호와 지원정책이 제공되다 보니 '피터팬' 기업 현상도 나타나기 시작했다. 300인 이상을 고용하여 대기업으로 성장하기보다는 중소기업으로 남아 혜택을 계속 누리는 편이 낫다는 시류를 반영한 표현이었다.

개발연대 기간 중 중소기업에 대한 홀대 정책에 대한 반성에서 시작

---

* 중소기업과 영세상인을 보호하기 위해 대기업의 신규 진입 업종을 제한·지정하는 제도로, 1997년 제정된 '중소기업의 사업영역 보호 및 기업 간 협력 증진에 관한 법률'에 법적 근거를 두었다. 참여정부 시절인 2006년에 폐지됐다가 이명박정부 시절인 2011년 '중소기업 적합업종'이라는 유사한 형식으로 부활했다.

된 중소기업 보호정책은 정권을 거듭하며 성역화됐다. 급기야 18대 대선에 임박해서는 여야를 막론하고 경쟁적으로 경제민주화를 선거공약으로 내세우는 상황으로까지 발전한다.

중소기업의 정보비대칭성을 극복하는 수단, 보증제도

중소기업 보호는 유독 우리나라에만 있는 현상일까. 그렇지는 않다. 비록 헌법에 명문화할 정도는 아니지만 중소기업 보호는 범세계적 추세라 해도 틀린 말이 아니다. 심지어 서비스와 무역 경쟁 교역에 관한 국제 파수꾼이라 할 수 있는 세계무역기구World Trade Organization, WTO도 중소기업 영역에 대해서는 예외를 인정하고 있다. 그러면 왜 중소기업에 대해서는 보호시책이 정당화되는 것일까. 중소기업 금융 지원 정책의 주요 수단인 보증을 중심으로 그 이유를 살펴보기로 하자.

그림 1에서처럼 2개의 기업에 대해 10억 원의 대출을 검토하는 은행이 있다고 하자. 두 기업은 모두 50억 원만큼의 기대수익을 예상하고 있다. 그러나 돈을 빌려주는 은행 입장에서는 평균 기대수익보다는 기업이 빌려간 돈을 제대로 갚을 수 있는지가 더 중요할 것이다. 기업 A는 수익을 전혀 내지 못할 확률이 10퍼센트에 불과할 정도로 안정성이 높고, 기업 B는 수익을 내지 못할 확률이 20퍼센트에 달할 정도로 위험하다. 만약 은행이 각 기업의 수익분포를 정확히 알 수 있다면 상황은

그림 1 (단위: %)

| 기업 A(안전) | | | 은행 | |
| 기업 B(위험) | | | | |

원리금 상환율

	0	25	50	75	100
기업 A	0.1	0.2	0.4	0.2	0.1
기업 B	0.2	0.2	0.2	0.2	0.2

간단하다. 안전한 기업 A에는 상대적으로 낮은 이자율을 적용하고 안정성이 낮은 기업 B에는 높은 이자율을 적용하면 된다.*

그런데 이처럼 은행이 기업들에 대한 정보를 완벽히 보유하고 있는 경우는 현실적으로 드물다. 중소기업의 경우에는 더더욱 그렇다. 이런 상황에서 은행이 두 기업으로부터 대출금을 상환받지 못할 확률을 15퍼센트로 보고 이자율을 결정했다고 하자. 당연히 기업 A는 이 이자율이 높다고 생각해서 대출에 응하지 않을 것이고, 기업 B만 대출에 응하려 할 것이다. 그러나 안정성이 낮은 기업에 시장금리보다

---

* 기업 A가 10억 원을 갚지 못할 확률은 0원의 수익을 내는 10퍼센트다. 뒤집어 말하면, 10억 원을 기업 A에 대출해줄 경우 원리금을 온전히 상환받을 확률은 90퍼센트다. 이 경우 은행은 원리금 기대수입(0.9×10×(1+r))이 10억 원을 초과할 경우 대출을 결정할 것이다. 즉 은행 입장에서는 기업 A가(1/9 ×100)퍼센트 이상의 이자율을 지불할 경우 대출을 결정할 것이다. 마찬가지로 은행이 기업 B에 10억 원을 대출할 경우 상환받지 못할 확률은 20퍼센트다. 따라서 은행이 기업 B의 대출에 적용할 이자율 25퍼센트는 다음과 같이 계산될 수 있다. 10≤0.8×10×(1+r).

낮은 금리를 적용해 대출을 해준다면 은행은 손해볼 가능성이 크다. 이를 알고 있는 은행은 대출을 해주지 않는다. 결국 기업 A와 B 모두 은행으로부터 대출을 받지 못하는 '시장실패'가 일어난다. 5장에서 살펴봤던 중고차시장에서 비대칭정보에 의해 거래가 성립되지 않았던 것과 마찬가지 결과다.

이런 시장실패를 보정해줄 수 있는 수단 중 하나가 바로 보증이다. 앞의 예를 가지고 설명해보자. 새로운 상황에서는 정부가 안정성이 낮은 기업 B의 대출에 대해 일정 비율의 보증을 제공한다고 생각해 보자. 은행은 기업 B가 원리금을 상환하지 못할 20퍼센트 확률의 상황에서도 정부 쪽에 기업 B를 대신해 원리금을 상환해 달라고 요구할 수 있다. 보증비율이 50퍼센트일 경우 은행은 기업 B의 대출에 기업 A의 대출에 적용할 이자율을 똑같이 적용한다 하더라도 손해 볼 일이 없다.** 비대칭정보에 따라 은행이 손해 볼 수 있는 가능성을 보증을 통해 사전에 차단해줌으로써 은행이 안심하고 중소기업에 대출할 수 있는 환경을 만들어주는 것이다.

그런데 보증비율이 50퍼센트를 넘을 경우 어떤 일이 벌어질까. 기

** 시장실패를 극복할 부분보증비율 50퍼센트는 다음과 같이 계산될 수 있다. 은행은 기업 B의 대출에 기업 A의 대출과 동일한 이자율을 적용할 경우 원리금기대수입은 $0.8 \times 10 \times (1+1/9)$이다. 여기에 기업이 대출금을 못 갚더라도 은행은 보증비율(g)만큼은 원리금을 돌려받을 수 있다. 이때의 기대수입은 $0.2 \times 10 \times (1+1/9) \times g$이다. 따라서 은행의 기업 B 대출을 통한 원리금 기대수입은 이상 두 가지를 합한 액수일 것이다. 이 합계 기대수입이 10을 초과한다면 은행은 기업 B의 대출에도 손해를 보지 않을 것이다. 이때의 g값은 50퍼센트다.

업 B가 대출금을 갚지 못할 확률이 기업 B에 비해 2배 이상 높다 하더라도 은행은 더 이상 기업 B의 대출이 안전한지 따져보려 하지 않을 것이다. 기업이 갚지 못한다 하더라도 보증을 통해 상환받으면 되는데 굳이 비용이 드는 신용도 조사를 해야 할 이유가 없어지는 것이다. 은행 입장에서 도덕적 해이가 발생할 수 있다는 얘기다.

도덕적 해이는 기업 입장에서도 마찬가지다. 정부가 보증제도를 운용하는 것은 기업 B와 같은 위험기업도 안심하고 기업활동에 종사할 수 있게 안전판을 제공하는 것이라 할 수 있다. 1장에서 논의한 주인-대리인 이론을 적용해보면, 주인인 정부가 대리인인 위험기업들도 정상적인 기업활동을 할 수 있도록 기업이 느끼는 위험을 일부 분담해주는 셈이다. 그런데 정부의 위험분담이 지나치면 기업은 경영 안정적 기업활동을 위한 최소한의 위험관리 활동마저 포기하고 과도한 위험을 떠안는 공격적 경영을 펼칠 것이다. 정부의 지나친 위험분담이 오히려 위험기업의 도덕적 해이를 부를 수도 있는 것이다.

우리의 보증제도 현실은 어떨까. 보증제도는 1961년 중소기업은행의 부분 업무로 시작했다. 1976년 신용보증기금 설립으로 본격화했고 1989년 기술신용보증기금까지 설립돼 크게 활성화됐다. 담보 능력이 부족한 중소기업에 채무보증을 해줌으로써 은행이 좀 더 쉽게 돈을 빌려줄 수 있게 하자는 취지였다. 그러나 신용보증이 본격 확대된 것은 1997년 IMF사태와 2008년 금융위기를 겪으면서부터라고 할 수 있다.

앞서 언급한 대로 IMF사태 초기에 어음 거래로 엮인 중소기업들의

표 9-1 신용보증 공급액 추이 (단위: 조 원, 대 GDP %)

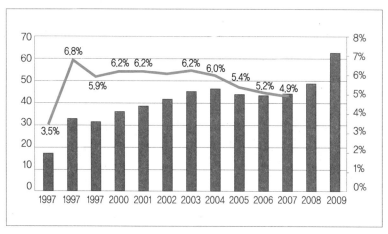

신용보증공급액은 1997년 외환위기와 2008년 글로벌 금융위기를 계기로 급속히 늘어났다. 특히 1998년 중소기업의 연쇄부도 상황을 맞아 신용공급 규모는 단숨에 2배 수준으로 증가했다.

* 자료 출처: KDI

연쇄 부도가 신용보증을 급속히 확대한 계기가 됐다. 위기 발생 초기에 아무리 신용도가 높은 우량기업이라도 시장이 그 기업의 신용도를 믿어주지 못하는 극도의 신용위험 상황이 전개됐다. 게임 용어로 말하면 정보의 비대칭 상황이 극도로 전개된 것이다. 이를 극복하기 위한 수단으로 보증이 본격 활용됐다. 1998년 한 해에만 33조 원의 보증이 공급됐다. GDP 대비로는 2배가량 늘었다. 기업당 보증한도가 증가했을 뿐 아니라 보증비율도 95퍼센트로 늘어났다. 2008년 글로벌 금융위기 때는 신용보증 공급이 더욱 확대됐다. 2010년 보증 총액은 80조 원에 육박했다. IMF사태가 진정된 뒤 85퍼센트까지 내려갔던 보증비율도 전액보증으로 확대됐다.

표 9-2 신용보증 수혜 건수 비교

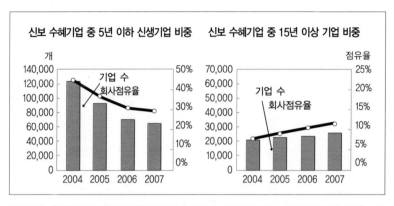

보증의 기능은 정보의 비대칭으로 인한 시장실패를 해소하는 것이다. 따라서 보증이 제대로 된 기능을 수행한다면, 정보의 비대칭성 문제를 상대적으로 심하게 겪는 신생기업에 많이 제공되는 것이 바람직하겠지만 현실은 그렇지 못하다. IMF사태 이후 보증은 크게 늘었지만 신생기업보다는 업력이 높은 기업에 더 많이 제공되고 있다. 신용보증을 제공받는 5년 이하의 신생기업 수는 줄어드는 반면, 15년 이상의 업력을 가진 기업들의 보증수혜 건수는 늘어나고 있다.

* 자료 출처: KDI

표 9-3 신용보증 수혜 기간별 기업군의 매출액 대비 영업이익률   (단위: %)

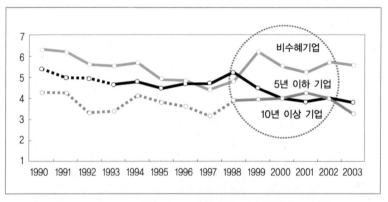

1997~1998년 IMF사태 중 신용보증 지원을 받았던 기업들의 수익성은 보증 지원을 받지 않았던 기업들보다 높았다. 신용보증이 금융 쓰나미 상황에서 수익성 있는 우량기업들의 자금 애로를 해소하는 데 큰 역할을 해낸 근거로 해석될 수 있을 것이다. 그러나 IMF사태 이후 신용보증 지원 기업의 수익성은 지속적으로 하락하고 있다. 최근 들어서는 보증 지원을 받은 신생기업의 수익률 이하로 떨어지고 있다. 보증이 정보의 비대칭성 해소를 넘어 수혜기업의 도덕적 해이를 유발하는 수준까지 과다하게 지원되고 있다고 해석할 수 있는 근거다.

* 자료 출처: KDI

그러나 보증 규모가 급속히 증가하면서 보증의 부작용도 커지고 있다. 앞서 언급한 대로 보증의 순기능은 정보의 비대칭성을 해소시켜주는 것이다. 정보의 비대칭성은 신생기업일수록 높을 것이므로, 보증이 신생기업에 더 많이 제공되는 것이 바람직하다. 그런데 우리의 현실은 그렇지 못하다. IMF사태 이후 5년 이하 신생기업의 보증 지원은 계속 줄어들고 있는 반면, 15년 이상 기성기업들이 신용보증을 받는 사례가 늘고 있다.

실제로 신용보증을 받은 기업과 보증을 받지 않은 기업 간 수익성을 비교분석한 KDI의 실증연구(표9-3)에 따르면 10년 이상 신용보증을 받은 기업들의 수익성은 신용보증을 받지 않은 기업들에 비해 평균적으로 떨어졌다. 이런 현상은 신용공급을 받는 기간이 길어질수록 개선되기는커녕 오히려 악화되는 현상까지 나타나고 있다. 개발연대를 통해 상대적으로 미약했던 중소기업 보호시책이 민주화 과정을 거치면서 과보호로까지 진전되지 않았는지 우려되는 대목이다.

외상매출과 어음제도

외상매출은 상거래 관행이 열악한 경우에만 발생하는 현상일까. 그렇지는 않다. 우리보다 상거래 관행이 선진적인 미국의 경우 심지어 공공기관에 납품하는 기업들도 소위 '2-10, net 30' 조항이 담긴 계약을 체결하는 것이 관행처럼 돼 있다. 즉 물품을 인도하고 30일 뒤에야 대금을 받을 수 있다. 만일 납품 후 10일 내에 대금을 받으려면 '대금을 2퍼센트 깎아서 지급하겠다'는 것을 아예 계약서에 명기해놓는 것이다. 공공기관들도 최소 30일간의 외상 기간이 필요하다는 것이다. 기업 간의 계약에서는 60일 또는 그 이상의 외상 거래도 있다. 납품기업 입장에서는 외상매출금을 떠안을 수밖에 없는 것이 현실이라는 얘기다. 미국만이 아니다. 독일, 영국, 프랑스, 일본 등 선진권 국가들의 기업들도 외상을 받는 경우가 외상을 주는 경우보다 많다(표9-4).

그러면 왜 외상이 불가피하게 발생하는 것일까. 게임이론의 관점에서는 물품을 공급받는 기업과 납품하는 기업 간의 비대칭정보에 기인한 것으로 볼 수 있다. 납품받는 기업 입장에서는 제품의 품질을 사전에 확인하기 어렵다. 특히 소비자에게 팔리는 최종제품이 아닌 부품, 또는 중간재의 경우에는 더욱 그럴 것이다. 극단적인 경우 최종제품화되어 소비자에게 팔리기 전까지는 품질을 확인하기 어려운 경우도 있을 것이다. 이런 상황에서 납품받는 기업 입장에서는 하청기업의 도덕적 해이를 걱정하지 않을 수 없을 것이다. 하청기업이 단기적 이득을 위해 품질이 낮은 재료를 사용할 여지도 있을 것이기 때문이다.

이럴 때 납품을 받는 기업이 납품기업의 도덕적 해이를 미연에 방지하는 방법 중 하나가 외상이다. 납품된 제품을 일단 써보면서 품질을 확인한 뒤 대금 지급 여부를 결정하는 것이다. 납품기업 측에서도 거래가 성립되지 않는 것보다는 외상거래라도 하는 게 훨씬 나은 선

표 9-4 선진권 기업의 외상매출금 비중 비교 (단위: %)

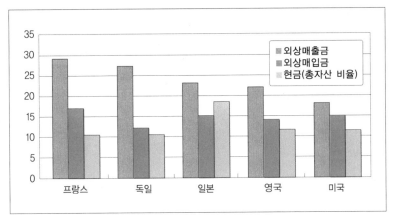

선진권 기업들도 외상매입금보다 훨씬 많은 외상매출금을 보유하고 있다.

*자료 출처: Kim, Se-Jik, and Shin, Hyun Song[1]

택이 된다. 다단계 하도급 구조로 가면 외상의 필요성은 더욱 커진다. 원청기업에 납품하는 1단계 하청기업도 2단계 하청기업과의 거래에서 원청기업처럼 2단계 하청기업의 도덕적 해이를 미연에 방지해야 할 필요성을 느끼기 때문이다. 하도급 과정이 길어질수록 외상 기간도 길어지고 규모도 커질 수밖에 없을 것이다.[2]

　미국기업이 보유한 외상매출금과 일본기업이 보유한 외상매출금을 비교해보면 이런 상황이 분명하게 드러난다. 도요타 자동차의 예처럼 일본의 제조업은 다단계 수직적 계열 생산구조를 가지고 있다. 반면, 미국은 GM처럼 엔진 등 핵심 부품은 기업 내부에서 생산하고 내부에서 생산하지 않은 부품은 공개경쟁 입찰을 통해 시장에서 조달하는 생산구조를 가지고 있다. 주요 부품이 내부에서 이뤄지는 수직

표 9-5 한·미·일 기업 간 외상매출금 비중 비교

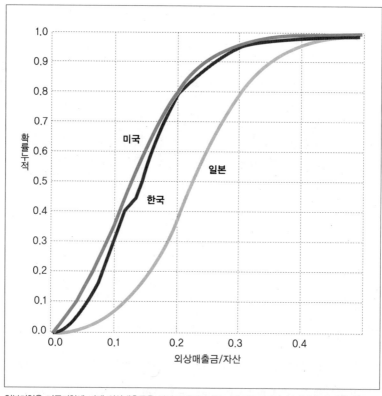

일본기업은 미국기업에 비해 외상매출금을 많이 보유하고 있는 것으로 나타났다. 예컨대, 총자산 중 20퍼센트 이상을 외상매출금으로 보유하고 있는 기업은 20퍼센트에 불과한 반면, 일본은 60퍼센트 이상이나 된다. 그런데 한국기업의 경우 외상매출금 비중으로만 보면 오히려 일본보다 미국에 가까운 것으로 나타났다.
* 자료 출처: Kim, Se-Jik, and Shin, Hyun Song

통합 생산구조를 가지고 있다 보니 하도급 생산 공정은 일본기업에 비해 짧다.

실제로 일본기업과 미국기업의 자산 대비 외상매출금을 분석한 실증연구(신현송, 김세직)에 따르면 일본보다 적은 단계의 하도급 생산 공

표 9-6 상업어음과 외상매출금　(단위: 10억 원)

	상업어음			외상매출금			외상매출채권
		기업 보유	금융기관 할인		기업 보유	외상매출채권 및 팩토링	
1983	7,944 (45.4)	–	–	9,558 (54.6)	–	–	17,502 (100.0)
1984	10,379 (51.1)	6,930 (34.1)	3,449 (17.0)	9,941 (48.9)	9,817 (48.3)	124 (0.6)	20,320 (100.0)
1985	9,466 (40.3)	5,282 (22.5)	4,184 (17.8)	13,997 (59.7)	13,812 (58.9)	185 (0.8)	23,463 (100.0)
1986	10,128 (40.6)	5,808 (23.3)	4,320 (17.3)	14,815 (59.4)	14,605 (58.6)	210 (0.8)	24,943 (100.0)
1987	12,279 (43.4)	7,157 (253.)	5,128 (18.1)	15,991 (53.3)	15,060 (53.3)	931 (3.3)	28,270 (100.0)
1988	14,548 (46.0)	7,869 (24.9)	6,679 (21.1)	17,064 (54.0)	16,062 (50.8)	1,002 (3.2)	31,612 (100.0)
1989	19,071 (48.0)	10,533 (26.5)	8,538 (21.5)	20,642 (52.0)	19,741 (49.7)	901 (2.3)	39.713 (100.0)
1990	26,696 (48.1)	15,853 (28.6)	10,843 (19.5)	28,786 (51.9)	27,550 (49.7)	1,236 (2.2)	55,482 (100.0)
1991	34,293 (48.8)	19,438 (27.7)	14,855 (21.2)	35,930 (51.2)	35,019 (49.9)	911 (1.3)	70,223 (100.0)
1992	37,834 (21.4)	20,806 (47.6)	17,028 (26.2)	41,674 (52.4)	39,294 (49.4)	2,380 (3.0)	79,508 (100.0)
1993	43,538 (44.4)	23,600 (24.1)	19,938 (20.3)	54,554 (55.6)	49,867 (50.8)	4,687 (4.8)	98,092 (100.0)
1994	54,203 (46.4)	29,365 (25.1)	24,838 (21.3)	62,560 (53.6)	62,285 (53.3)	275 (0.2)	116,763 (100.0)
1995	61,685 (45.9)	32,212 (24.0)	29,473 (21.9)	72,655 (54.1)	72,430 (53.9)	225 (0.2)	134,340 (100.0)
1996	66,348 (42.6)	31,914 (20.5)	34,434 (22.1)	89,557 (57.4)	85,301 (54.7)	4,256 (2.7)	155,905 (100.0)

어음은 명목상으로는 외상매출금은 아니지만, 넓은 외상매출채권으로 볼 수 있다. 어음까지 감안하면 우리 기업들의 외상매출채권도 일본기업에 근접할 정도로 많을 것으로 추정된다. 외상매출채권 중 어음의 비율은 IMF사태 이전까지 절반가량을 차지하고 있었다.
* 자료 출처: 최공필·이충언[3]

정을 가진 미국기업이 일본기업에 비해 외상매출이 상대적으로 적은 것으로 나타났다. 미국기업은 상대적으로 수직적 결합이 많은 반면, 일본기업은 원·하청기업이 별도 분리되면서도 계열화 관계를 유지하고 있다는 것이 두 나라 기업 간 외상매출금의 분포에서도 확인할 수 있다. 그런데 재미있는 것은 한국기업의 매상매출금 분포가 일본보다는 미국에 가깝다는 것이다(표9-5). 한국기업이 미국기업만큼이나 수직적 통합이 많아서일까. 그렇지는 않은 것 같다.

더 근본적인 이유는 한국의 독특한 어음제도에 있다. 어음은 발행기업 입장에서는 물품대금을 지불한 것이므로 외상매출금은 아니지만 넓은 의미의 외상매출채권인 점은 분명하다. 실제로 표 9-6에서 보듯이 IMF사태 이전에 어음은 광의의 매상매출채권의 절반 정도를 차지할 정도로 광범위하게 활용됐다. 어음까지 포함하면 한국기업의 외상매출채권 분포는 표 9-5에서 나타난 것과는 달리 미국보다는 오히려 일본에 더 가까울 것으로 추정된다.

그렇지만 이렇게 단정 짓는 것은 문제가 있다. 비록 어음이 외상의 변종이라고는 하지만, 중소기업 입장에서는 외상보다는 유리하기 때문이다. 선진국처럼 매출채권 담보대출이 활성화되지 못한 상황에서 어음은 중소기업에 사실상 유일한 자금 융통 수단이다. 하청 중소기업은 원청 대기업으로부터 물대를 지급받기 이전이라도 원청기업으로부터 받은 어음을 금융기관에 할인매각해 자금을 융통할 수 있다. 은행 입장에서도 어음할인은 중소기업에 대한 직접 대출보다는 확실한 대출 방법이었다. 할인대금은 이미 납품된 물품을 받으면 상환될 수 있으므로 물품을 납품한 중소기업보다는 어음을 발행한 원청 대기업에 신용도가 달려 있기 때문이다. 다시 말해, 어음은 신용도가 낮은 중소기업 입장에서 원청 대기업의 신용도를 활용한 유용한 자금 융통 수단이라는 것이다.

그러나 현실 경제는 냉정하다. 어음이 힘의 우위에 있는 거래 일방이 거래 상대방의 이익을 편취하는 소위 '갑질' 수단으로 악용될 수도 있기 때문이다. 실제로 1990년대 중반까지 납품을 받고도 바로 어음을 발행해주지 않고 결제기간이 긴 어음을 발행하는 일이 빈번하게 발생했다. 물품 인도 후 판매대금이 회수되기까지 기간은 IMF사태 이전인 1993년에는 126일, 1994년에는 129일로 해가 갈수록 악화된 바 있다.

어음의 순기능을 살리면서 부작용을 줄일 수 있는 방법은 없을까. 바로 이 점에서 앞서 논의한 보증이 제 몫을 톡톡히 해냈다. 보증이 확대되면서 은행은 좀 더 편한 마음으로 중소기업을 직접 상대해 돈을 빌려줄 수 있게 됐다. 중소기업 입장에서는 어음할인 말고도 자금을 융통할 수 있는 수단이 생긴 것이다. 굳이 대기업의 신용을 이용하지 않더라도 자금을 융통할 수 있는 여력이 생긴 것이다.

자금 융통의 선택 폭이 커지면서, 악성 어음도 '울며 겨자 먹기' 식으로 받을 수밖에 없었던 중소기업의 입장은 현격히 변화되기 시작했다. 그렇다고 중소기업이 좋은 조건의 어음을 마다할 필요는 없다. 보증 덕택에 중소기업이 대기업에 대해 가지는 협상력이 높아진 것이다. 정부로서도 대기업을 압박하지 않고서도 어음의 폐해를 줄여나가는 효과를 거둔 것이다.

앞서 언급한대로 IMF사태 극복 과정에서 어음 사용은 많이 줄어들었다. 중소기업 판매대금의 어음결제 비중은 1999년을 기점으로 절반 이하로 떨어졌고, 2005년에는 30퍼센트대를 밑돌았다. 이와 함께 대기업-중소기업 관계에 있어 적어도 어음에 대한 중소기업의 불만은 현격히 줄어들고 있다.＊

원청-하청기업 간 '같은 배 태우기' 방안

원청 대기업의 하청 중소기업에 대한 갑질은 자금 융통에 한정된 것은 아니다. 부당 단가인하 등 대기업 횡포에 대한 중소기업의 불만은 계속된다. 그러면 원청기업 입장에서는 할 말이 없을까. 그렇지는 않은 것 같다.

예컨대, 원청기업은 자신이 직접 생산하지 못하는 부품 또는 반제품에 대해 하청업체에 의존할 수밖에 없다. 그러나 정보의 불확실성

＊ 2006년 말에 실시된 중소기업 실태조사에 따르면 어음제도의 가장 큰 문제점에 대해 과반수 이상이 결제 기간의 장기화를 들었고, 금융비용의 전가도 20퍼센트 정도를 점유하고 있다. 그러나 2010년 이후에는 어음 관련 문제가 불공정 하도급 관행의 대표적 유형으로 지적되는 빈도는 낮아지고 있다. 오히려 부당 부품단가 인하, 부당발주 변경 취소 문제 등 전형적 갑질에 해당되는 불공정행위가 더 큰 문제로 부각되고 있다.

으로 인해 협력업체가 제대로 된 부품을 공급하는지 여부에 대해 확신할 수 없다. 다만 이 부품들을 이용해 최종 조립된 제품이 소비자에게 평가받는 단계에서야 확인할 수 있다. 원청기업 입장에서는 하도급 단계가 길어지면 길어질수록 불확실정보로 인한 하청업체들의 도덕적 해이를 걱정할 수밖에 없다.

이런 불완전정보 상황에서 대리인 문제를 해결하는 방법 중의 하나는 1장에서 논의했던 것처럼 주인 격인 원청기업과 대리인 격인 하청업체가 서로 같은 배를 타도록 하는 방법이다. 이러한 '같은 배 태우기' 방안이 하도급 거래에 있는 대기업과 중소기업에 어떻게 실현될 수 있을까.

동반성장위원회가 초과이익공유제를 제안하면서 모두의 박수를 받으리라고는 애초부터 기대하지 않았다. 하지만 재계, 정계, 관계, 학계의 많은 사람들이 반기를 들고 나온 것은 충격이었다. 동반성장에 대한 필요성은 충분히 인정하면서도 초과이익공유제는 안 된다고 한다. 과연 그들이 그리고 있는 동반성장은 어떤 모습인지 되묻고 싶었다.
— 《동반성장》[4]

이명박정부 임기 중반인 2010년 출범한 동반성장위원회 초대위원장 정운찬 전 총리의 회고담이다.

정 위원장이 제안했던 초과이익공유제의 구체적 형태는 분명치 않다. 그러나 그 개념이 인센티브 이익공유제 Incentive Profit Sharing 라면, 이는 분명히 자본주의 시장경제 체제에서도 통용되고 있는 개념이다. 1장의 출판사-저자 간 인세 계약도 초보적 단계의 이익공유제로 볼 수 있다. 초과판매 이익을 조합원에게 돌려주는 농업협동조합의 예도 있다.* 연중 가격의 부침이 심한 닭고기의 경우 닭고기 가공업체와 닭 사육농가 간의 수직계열화에서 이런 인센티브 계약이 활용될 수 있다.

그런데 이 제도가 실현되려면 적어도 제도 자체를 둘러싼 불확실성은 확실히 제거돼야 한다. 우선 공유돼야 하는 이익이 무엇인지가 참여자 간에 분명히 정해져야 한다. 초과이익은 과거 실적을 토대로 정상이득 이상의 이득이라고 규정할 수도 있겠지만, 무엇이 정상이익인지 구별해내기는 쉽지 않은 일이다. 초과이익에 대한 합의가 있다고 해도 이행 과정에서 이를 확인하는 것은 더 큰 문제다. 이익 발생 과정이 투명하게 기록되고 참여자 간에 공유될 수 있어야 하기 때문이다. 회계투명성을 포함한 경영의 투명성에 대한 참여자들 간 완벽한 신뢰가 없으면 결코 쉽지 않은 일이다.**5

그 후 동반성장위원회도 우선 작은 신뢰부터 쌓아야 큰 신뢰도 쌓

---

* 친환경 쌀 브랜드로 성공한 전라남도 남평농협의 경우 조합원으로부터 쌀을 구매한 뒤 판매 목표를 초과해 발생한 수익은 조합원에게 돌려주는 방식으로 이익을 공유하고 있다.
** 건설 원청업체와 하도급업체 간 인센티브 이익공유제 사례를 분석한 연구에 따르면, 원청업체의 회계장부가 하도급 참여 업체에 완전 공개되는 오픈북 회계(Open-Book Accounting)를 제도 이행의 선결요건으로 제시하고 있다.

을 수 있다는 판단 아래 궤도를 수정했다. 기업의 모든 영업활동에 적용되는 초과이익공유제 대신 원가절감, 부품공동개발, 차세대제품 공동개발 등 더 작은 범위 내에서 참여자 간 성과 목표에 대한 합의를 유도하고 이에 대한 과실도 나눠 갖도록 하는 성과공유제를 적극 권장하기 시작했다. 성과공유제는 구체적인 목표를 가진 사업이나 프로그램을 대상으로 한다는 점에서 초과이익공유제에 비해 이행 부담이 훨씬 적다. 분야별로 성공 사례도 나타나고 있다. 다음은 이장우 경북대 교수(동반성장위원회 위원)의 성과공유제에 대한 기대 섞인 전망이다.

> 향후 성과공유제 활성화 여부는 1차적으로 신뢰의 기초를 만드는 과제들이 성공적으로 실천되고 다음 단계인 고ᇤ신뢰 수준의 비즈니스 풍토를 얼마나 조성하느냐에 달려 있다.
>
> — 《패자 없는 게임의 룰 동반성장》[6]

결국 처음부터 큰 신뢰가 이뤄지기를 기대하기보다는 작은 신뢰부터 쌓는 것이 더 현실적인 접근법일 것이다. 그런데 신뢰쌓기를 촉진할 수 있는 제도적 접근 방법은 없을까. 이런 관점에서 일본의 수위탁기업 간 신뢰쌓기 사례는 흥미롭다. 일본의 하도급 관계는 상대적으로 다단계 구조지만 장기적이고 지속적이다. 오히려 원청기업이 장기 거래를 중심으로 하청기업들을 중간 생산 단계로 활용하는 성격이 강하다. 이를 가능하게 하는 것 중 하나가 원청기업의 하청기업에 대한

표 9-7 대·중소기업 상생보증 취급 현황(2014년 말 기준)

연도	2009	2010	2011	2012	2013	2014	합계
공급액	2,630	193	53	33	624	322	3,855

상생보증제도는 2009년도 글로벌 금융위기 극복 과정에서 시작됐다. 제도 도입 첫해에는 보증공급액이 2,630억 원에 달할 정도로 관심을 받았지만, 이후 시간이 흐를수록 대기업의 참여도가 낮아져 제도의 취지가 훼손됐다는 지적을 받고 있다.
*자료 출처: 신용보증기금

자본 참여다. 위탁기업이 수탁기업의 납품만 받는 것이 아니라 아예 주주로서 같은 배에 동승하는 것이다.

전문화한 외주 수탁기업들은 위탁기업들의 자본 참여를 바탕으로 효율성이 높은 고가의 전용시설을 갖추고 위탁받은 기업의 발주물량을 집중 생산한다. 1차 수탁기업은 또한 소부품에 대해 2차 수탁업체와의 장기적인 거래 관계를 형성한다. 위탁기업과 수탁기업 간의 장기적인 거래, 수탁기업의 현장 지도 방문 등을 통한 축적된 정보와 신뢰쌓기가 하도급 생산 과정에서 나올 수 있는 정보의 비대칭성을 줄여주는 셈이다.

아쉽게도 우리나라의 경우 위탁대기업의 수탁중소기업 자본 참여는 원천적으로 제한되어 있다. 개발연대 대기업의 문어발식 확장에 따른 부작용에 대한 우려가 컸기 때문이다. 대기업의 직접적인 자본 투자가 아니더라도 유사한 효과가 있는 제도는 없을까. 이런 방법 중의 하나가 대기업-중소기업 간 상생 방안의 일환으로 도입된 상생보증제도다.

이 제도는 원청대기업이 하청협력업체에 직접적인 자본투자를 하는 대신 신용보증기금을 통해 보증을 제공한다. 보증재원을 원청대기업이 부담하는 방식이지만, 신용보증기금을 이용하는 만큼 보증재원의 15~20배까지 협력업체에 보증을 제공할 수 있다. 협력업체는 이보증을 담보로 금융기관에서 자금을 융통할 수 있다. 원청대기업 입장에서는 어느 한 협력기업에 투자할 자금으로 보증 배수만큼 많은 협력기업을 지원하는 효과를 가질 수 있다.

한편 보증받은 협력기업이 대출을 갚지 못한다면, 이는 원청기업이 출연한 보증재원에서 상각처리된다. 따라서 원청기업 입장에서는 협력기업을 보증 추천하는 데 있어 신중을 기할 수밖에 없을 것이다. 또한 보증 추천을 받은 협력기업이 도산의 위험에 처하지 않도록 미리미리 해당기업의 경영 상황을 챙기기도 해야 할 것이다. 원청기업이 지나치게 납품가격을 깎아 협력기업의 경영이 어려워진다면, 그 부담은 원청기업에도 돌아올 것이기 때문이다.

상생보증제도의 보증사고율이 일반보증보다는 낮게 유지되고 있는 것을 보면 이 제도의 원·하청기업 간 '같은 배 태우기' 효과는 부분적으로나마 입증되고 있는 듯하다.* 그럼에도 이 제도는 당초 의도했던 대로 작동되지 않았다. 제도 도입 첫해인 2009년만 해도 2,630억 원

---

* 예컨대, 제도도입 2년 차인 2010년의 경우 상생보증제도의 보증사고율은 2.5퍼센트로 일반보증에 비해 절반 정도 낮은 수준이다.

의 보증이 제공되어 협력중소기업의 운전자금 지원에 큰 도움을 주었지만, 이후에는 보증 규모가 현격히 줄어들었다. 제도 도입 초기에는 글로벌 금융위기를 극복하는 데 대기업도 적극 참여해야 한다는 명분 아래 대기업의 참여가 적극적으로 이뤄졌지만, 이후 관심도가 떨어졌기 때문이다.* 2014년 현재 보증출연금도 245억 원으로 당초 출연을 협약했던 610억 원의 3분의 1 수준에 불과할 정도로 미약해졌다. 매우 아쉬운 대목이다.

경제민주화를 넘어서

대기업-중소기업 간 동반성장이라는 정책 목표에 이의를 제기하는 사람은 없을 것이다. 정책 대상이 되는 중소기업은 물론 대기업에도 필요한 과제이기 때문이다. 그럼에도 어떠한 방법을 사용하느냐에 따라 결과는 달라질 수 있다. 6장의 논의처럼 방법이 달라지면 의도했던 결과를 얻지 못하는 사례도 나타날 수 있다. 특히 참여자 간의 이해관계를 고려하지 않은 채 일방적인 규제를 도입하는 것은 오히려 막대한 정치화 비용을 유발할 수도 있다.

---

* 2012년과 2013년 국회정무위 국정감사에서는 대·중소기업 상생보증의 실적 부진 원인이 원청기업의 생색내기식 참여 때문이라고 지적하고 있다.

이번 장에서 논의했던 어음제도가 한 예가 될 수 있을 것이다. 만약 대기업의 하청중소기업에 대한 어음 악용 횡포를 막기 위해 어음제도 자체를 없애버렸다면 과연 중소기업에 도움이 되는 결과가 나타날 수 있었을까. 답은 '아니다'일 것이다. 하청업체의 도덕적 해이 가능성을 염두에 둘 수밖에 없는 원청업체 입장에서 하청업체에 외주를 맡기기보다는 초기 비용이 들더라도 아예 부품 생산을 내부화하는 방안을 찾을 수도 있었을 것이다.

이번 장에서는 대·중소기업 상생문제를 해결하는 세 가지 방향을 제시해보았다. 첫째, 대기업을 규제하는 대신 중소기업의 대기업에 대한 의존성을 극복할 수 있는 대안을 만들어주는 방향이다. 금융 면에서는 대기업 신용에 의존하는 어음할인보다는 보증 등을 통해 중소기업도 스스로 금융기관을 통해 운전자금을 빌릴 수 있도록 길을 넓혀주는 것이다. 중소기업이 굳이 대기업에 납품하지 않더라도 직접 소비자를 찾을 수 있도록 지원하는 방법도 있을 것이다. 중소기업의 제품 매장을 확보해주는 등 마케팅을 지원해주는 것도 대안이 될 수 있을 것이다.

둘째, 하도급 관계에 있는 대·중소기업 간에 같은 배를 타도록 하는 방향이다. 원·하청기업이 같은 배를 타고 있다면 양 방향으로 도움이 이뤄질 것이다. 원청기업 입장에서는 하청기업의 도덕적 해이 우려에서 해방될 수 있다. 더 나아가 인센티브가 적절히 제공된다면 하청기업이 원청기업의 생산성에 기여할 수도 있을 것이다. 반면, 하청기업 입장에서는 원청기업의 일방적 납품단가 후려치기 우려에서 해방될 수 있다. 하청기업이 적정 이윤 이하로 고전할 경우 결국 원청기업에도 부담으로 작용할 것이기 때문이다.

원·하청기업 간 같은 배 태우기의 구현 방법은 여전히 진행형이다. 2015년 초 발표된 하청기업 종업원의 원청기업 우리사주조합 가입 요건 완화 방안도 하나의 방법이 될 수 있을 것이다.* 앞서 논의했던 상생보증제도를 강화하는 방안도 대안이 될 수 있을 것이다. 다만 같은 배 태우기 효과를 보강하려면 신용보증기금을 통한 보증 이외에 원청기업이 일부라도 직접 보증해주는 방안도 적극 검토할 필요가 있다고 본다. 원청기업이 하청기업에 다만 10퍼센트라도 직접 보증한다면, 원청기업은 보증을 받은 하청기업의 경영 성과에 더욱 민감하게 반응할 수밖에 없을 것이기 때문이다. 이 경우 그나마 미약한 대기업의 참여는 더욱 미약해질 우려도 있다. 이를 극복하기 위해 대기업의 참여에 대해 세제지원 등 인센티브를 제공하는 방안도 적극 검토해야 할 것이다.

마지막으로 중소기업에 대한 지나친 성역화도 경계할 필요가 있다. 어느 정도의 중소기업 보호는 필요하고 경제적으로도 충분한 이유가

---

* 원·하청기업 간 상생협력 수단의 일환으로 발표된 이 방안에 따르면, 원청업체의 우리시주조합에 가입할 수 있는 요건은 종래 매출액 비중 50퍼센트에서 30퍼센트로 완화되고, 대상도 1차 협력업체에서 2, 3차 협력업체로까지 확대된다. 원청업체의 동의가 필요했던 요건도 협의 수준으로 완화될 계획이다.

있다. 그러나 지나친 보호는 대·중소기업 관계를 떠나 중소기업 생태계 자체를 손상시키는 일이다. 앞서 신용보증제도 논의에서 살펴보았듯이 보증은 신용도를 입증하기 어려운 중소기업의 정보 비대칭문제를 해소시켜주는 좋은 수단이기는 하지만, 지나치면 오히려 경쟁력 없는 기업들의 수명을 연장시키는 결과를 유발함으로써 새로운 중소기업의 탄생을 어렵게 만드는 요인으로 작용할 수 있다.**

진정한 경제민주화 구현을 위해, 그리고 한층 더 경제논리에 입각한 대·중소기업 동반성장 실현을 위해, 이상 세 가지 방향을 구체화할 수 있는 방안이 다각도로 마련되기를 기대해본다.

** 이번 장에서 본격적 다루지는 않았지만 중소기업 편중지원 문제도 중소기업 성역화 문제에 또 다른 단면이다. 약한 중소기업을 지원해야 한다는 명분 아래 중소기업에 모든 보호와 특혜가 몰리다 보니, 유망한 중소기업들도 성장을 포기하고 중소기업으로 남는 피터팬현상이 나타나고 있다.

10장

복지와
지방재정의 미래

복지제도의 방향 전환

"IMF위기 상황 아래 대통령에 취임하면서 저는 우리 국민의 저력에 대한 확신이 있었기에 1년 반 안에 외환위기를 이겨내겠다고 약속할 수 있었고, 또 이 약속을 지킬 수 있었습니다."

1999년 8월 15일, 김대중 대통령은 8·15경축사를 통해 IMF 졸업을 선언한다. 국민의정부 출범 1년 6개월 만의 일이다. '생산적 복지'가 시장경제, 민주주의와 함께 국민의정부 3대 국정지표로 제시된 것도 바로 1999년 광복절 기념사를 통해서다. 이때를 기점으로 정부의 복지 지출이 급속히 늘어나기 시작한다.

물론 그 이전 문민정부 시절에도 '생산적 복지' 개념은 있었다. 그러나 이는 어디까지나 일자리를 통해 복지도 증진시키겠다는 개념이 강했다. 일할 능력이 없는 사람들에게는 기초생활을 영위할 수 있는 최소한의 보호장치는 마련하겠지만, 그렇지 않은 대부분의 사람들에게는 일자리를 갖도록 유도함으로써 스스로 복지를 감내할 수 있도록 하겠다는 것이었다. 생산적 복지에서 '복지'라는 명사보다는 '생산적'이라는 수식어에 더 큰 방점이 찍혀 있었다는 얘기다. 이에 따라 정부 정책은 직업 능력을 키우고, 일자리를 알선하고, 일자리를 만들어주는 사업으로 채워졌다. 특히 1998년 들어 실업이 급속히 늘어나자, 사회안전망 차원에서 공공근로사업 등 단기적 일자리를 제공하는 사업들이 크게 확대됐다.

그러나 국민의정부의 '생산적 복지'는 달랐다. 생산적 복지라는 용어에서 무게중심은 '생산적'보다는 '복지'로 이동했다. 대표적인 예가 2000년 10월부터 시행된 국민기초생활보장제도다. 1999년 8월 12일 국회를 통과한, 국민기초생활보장법에 근거를 둔 이 제도는 모든 국민들이 최저생계 이상의 생활 수준을 영위하는 것을 목표로 했다. 최저생계비를 정하고 그 이하의 소득 가구에 대해서는 직업 능력이나 연령에 관계없이 가구 전체로 최저생계비까지의 소득을 보전해주기 시작했다. 그 이전 생활보호법에서의 빈곤층에 대한 기초생활보호와는 차원이 달랐다. 국민기초생활보장제도에서는 최저생계비 이하의 가구들이 기초생활을 유지해줄 것을 국가에 당당히 요구할 수 있는 권리가 생긴 것이다. 시혜적 차원에서 최저생계비를 일부 지원해주는 생활보호제도와는 달리, 주거복지까지를 포함해 최저생계를 보장하겠다는 것이 제도의 취지였다. 당연히 대상자도 확대됐다. 1999년 54만 명이었던 생활보호자는 국민의정부 마지막 해인 2002년, 즉 제도 시행 2년 만에 3배가 넘는 139만 명으로 늘어났다.

2002년에 기초생활보장제 관련 예산은 3조 6,000억 원에 달했다. 이 중 지방자치단체(이하 지자체)가 부담한 예산은 20퍼센트 상당인 7,461억 원이었다. 비록 중앙정부가 주도한 것이었지만 지자체도 주민들에 대한 복지 제공의 의무가 있으니 일부 비용을 매칭 형식으로 부담한다는 취지였다. 복지 지출이 결국 지자체를 통해 이뤄지는 만큼 지자체로서도 주민들에게 생색을 낼 수 있는 일이었지만, 가뜩이나 부족한 자체재원을 축내는 일인 만큼 지자체 입장에서 반가운 일만은 아니었다.

더구나 복지 지출이 해를 거듭하며 급속히 늘어나자 지자체들의 불만은 고조돼갔고, 이는 지자체에 더 많은 재원을 할애하라는 정치적 요구로 발전했다. 중앙정부의 재정당국은 이에 저항했지만 애초부터 버거운 싸움이었다. '중앙정부 차원의 복지 지출 확대 결정→지자체의 매칭 지출 증가→지자체의 자체재원 확충 요구 폭발'로 이어지는 악순환이 계속되면서 중앙정부의 가용재정 규모는 지속적으로 줄어들었다. 이번 장에서는 이런 악순환의 원인을 살펴보고 악순환의 고리를 어떻게 차단할 수 있을지 생각해보기로 한다.

표 10-1 OECD 회원국 간 총재정지출 중 지방세출 비중 비교 　　　　　　　(단위: %)

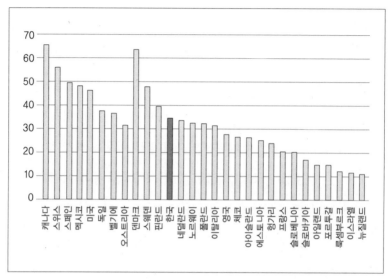

우리나라 총재정지출의 35퍼센트는 지차제가 사용한다. 여기에 다른 나라 같으면 지자체가 책임지는 교육 자치 지출까지 포함하면, 지방에서 지출되는 규모는 총재정지출의 약 6할에 해당되는 57퍼센트에 달한다. 이런 수준은 왼편의 연방제 채택 국가에 비교해서 결코 낮지 않은 수준이다. 한편 연방제를 채택하지 않은 국가(오른쪽)에서도 덴마크, 스웨덴, 핀란드 등 사회보장 수준이 높은 북구 3개국을 제외하고는 OECD 회원국 중에서도 상위권을 차지한다.
* 자료 출처: 조세재정연구원

지방재정에 대한 오해와 진실

지자체장들이 자조적으로 쓰는 표현 중에 '2할 자치'라는 말이 있다. 우리나라 전체 조세수입 중에서 지자체가 걷는 지방세의 비중이 20퍼센트에 불과하기 때문에 중앙정부에 항상 손을 벌려야 한다는 뜻일 것이다. 제대로 된 자치가 이뤄지려면 재정부터 자립할 수 있어야 할 텐데, 지방세수가 이렇게 적은 상황에서 진정한 지방분권을 기대하기 어렵다는 취지의 표현이다.

그런데 재정의 또 다른 축인 지출 측면을 보면 상황이 전혀 다르다. 우리나라 총재정지출(2014년의 경우 356조 원)의 35퍼센트는 지자체가 사용한다. 여기에 다른 나라 같으면 지자체가 책임지는 교육자치 지출까지 포함하면 지방에서 지출되는 규모는 총재정지출의 약 6할에 해당되는 57퍼센트에 달한다. 캐나다처럼 연방제를 택하고 있는 국가들의 지방세출 규모가 6할 정도임을 감안할 때, 이는 매우 높은 비율이라고 할 수 있다. 교육자치 지출을 제외하더라도 우리의 지자체 세출 규모는 연방제를 택하지 않은 국가 사이에서는 상위권을 차지한다고 할 수 있다.

이런 지방세출은 상당 부분 중앙정부로부터 이전받는 재원으로 충당된다. 평균적으로 지방세는 지자체 세출의 5할 정도를 충당하고(교육자치까지 포함하면 3할), 나머지 지방교부금, 양여금, 보조금 등 중앙으로부터 이전받는 재원으로 충당된다. 그러다 보니 중앙정부가 전국 단위로 쓸 수 있는 재원은 해를 거듭할수록 줄고 있다. 국세가 GDP에서 차지하는 비율, 즉 조세부담율은 해를 거듭하며 올라가는 추세지만 중앙정부의 가용재원은 해를 거듭하며 줄고 있다. 세금을 올리는 것이 갈수록 어려워지는 상황에서 중앙정부 입장에서는 '세금폭탄'이라는 여론의 뭇매를 맞으면서까지 세금을 거둬서 지자체의 곳간을 채워주는 셈이다. 더욱이 지자체장으로부터는 '2할 자치'라는 볼멘소리까지 듣게 되니 중앙재정당국 입장에서는 엎친 데 덮치기까지

표 10-2 **중앙정부 가용재원 추이**   (단위: 대 GDP %)

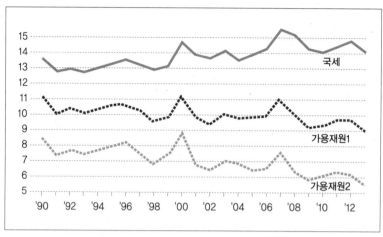

가용재원 1=국세-(지방교부세+지방양여금+국고보조금+분권교부세)
가용재원 2=국세-{(지방교부세+지방양여금+국고보조금+분권교부세)-(지방교육재정교부금+지방교육세
　　　　　+국세교육세)}
* 자료 출처: 조세재정연구원

당하는 셈이다.

　그러면 아예 지자체장들이 요구하는 대로 지방세 비중을 늘려주면
될 것이 아닌가라고 생각할 수도 있을 것이다. 그런데 그렇게 간단하
지가 않다. 지자체별로 사정이 크게 다르기 때문이다. 평균적으로 자
체재원의 비중이 5할 정도라고 하지만 지자체마다 편차가 매우 심하
다. 광역에서는 서울시가 88퍼센트인데 전라남도는 16퍼센트 수준이
다. 기초에서는 서울 강남구가 76퍼센트지만 전남 강진군은 7퍼센트
수준에 머물러 있다. 전체 수입에서 자체재원 비중이 절반을 넘는 지
자체는 1할 정도일 뿐이다.

표 10-3　내국세수 중 지방세수 비중 국제 비교 (단위: %)

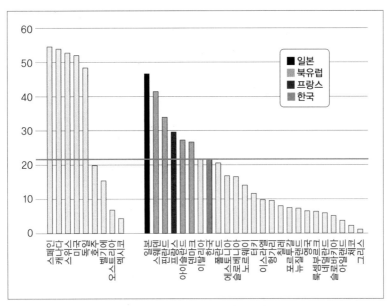

우리나라 지방세는 총내국세의 세입 중 20퍼센트를 차지한다. '2할 자치'라는 표현이 중시하는 지표다. 그러나 이 수준도 OECD 회원국 중에서는 결코 낮지 않은 수준이다. 연방제 채택국가 중에서도 지방세의 내국세 비중이 우리나라보다 낮은 국가들도 상당히 많다.
* 자료 출처: 조세재정연구원

　　이런 상황에서 지방세 수입을 늘리면 지자체 간 빈익빈 부익부 현상은 더욱 커질 수밖에 없다. 예컨대, 인구의 약 40퍼센트와 GDP의 약 55퍼센트를 차지하는 수도권의 경우 지방세 수입을 늘려주면 더욱 살기 좋은 지자체가 돼 수도권 비대화 현상을 부추길 수 있다. 이는 국토 균형 발전의 시각에서 결코 바람직하지 않은 결과다. 더욱이 우리나라의 지방세 비중은 다른 나라와 견줘봐도 결코 낮은 수준은 아니다.

그런데 이전재원의 당위성을 인정한다 하더라도 지자체 입장에서는 여전히 이전재원의 방식이 문제다. 중앙에서 지자체에 재원을 이양하는 방식은 크게 보아 지방교부세와 보조금으로 나눌 수 있다. 교부세는 내국세의 일정비율(2014년 기준 19.24퍼센트)을 떼어내어 지자체별 재정력을 감안하여 자동 배분된다. 자체수입이 적은 지역에는 더 많이, 자체수입이 많은 지역에는 더 적게 배분된다. 광역단체 중에는 재정 여건이 좋은 서울시, 기초단체 중에서는 경기도 수원, 성남, 고양, 과천, 용인, 화성 등 6개 단체에는 아예 교부세가 배분되지 않는다.

반면, 보조금은 사업별로 지급되며 반드시 지자체에서 그 사업비용의 일부를 매칭하여 부담해야 한다. 예컨대, 기초생활보장제도의 생계급여의 경우 서울에서는 40~60퍼센트, 지방에서도 10~30퍼센트를 부담하도록 돼 있다. 박근혜정부에서 도입된 기초노령연금의 경우에도 재정자립도에 따라 지방이 담당해야 하는 재원비율은 10~60퍼센트까지 차이가 있다. 이렇듯 보조금은 용도에 꼬리표가 붙다 보니, 지자체 입장에서 환영할 만한 재원은 아니다. 비록 지자체를 통해 집행되기는 하지만 지자체로서는 재량의 여지가 크지 않기 때문이다.

지자체 입장에서 볼 때 더 큰 문제는 보조금의 규모가 교부금의 규모를 능가했고 지금도 계속적으로 증가하고 있다는 점이다. 2013년의 경우 교부세 총액이 35조 5,000억 원이었던 반면, 보조금 총액은 37조 8,000억 원에 달했다. 더욱이 보조금 증가 속도는 해를 거듭하며 빨라

표 10-4 지자체 보조사업 중 사회복지 분야 지출 증가 추이　　　　　(단위: 조 원, %)

	2009	2010	2011	2012	2013	2014
규모	13.4	14.9	15.6	16.7	18.5	22.2
전년 대비(%)	–	10.7	4.9	7.2	10.8	20.2

중앙정부에서 지자체로 이전되는 재원 중 가장 빠르게 늘어나고 있는 재원은 보조금이다. 그리고 보조금 증가를 선도하고 있는 것은 사회복지 지출이다. 사회복지 지출은 이미 총보조금의 절반을 상회하고 있으며, 그 증가 속도도 일반보조금을 상회하고 있다.
* 자료 출처: 기획재정부

지고 있다. 2000년부터 2014년까지 보조금 증가율은 6.0퍼센트로, 내국세가 증가하는 속도만큼만 늘어나는 보조금보다 빠르게 늘어나고 있다.

　보조금 증가를 선도하는 지출은 사회복지 분야다. 사회복지 분야 지출은 대부분 중앙에서 법 제정을 통해 일괄적으로 시행되기 때문에 지자체 입장에서는 중앙에서 생색낸 결정을 대리집행해주는 일일 뿐이라는 볼멘소리가 나올 수 있는 대목이다. 더욱이 사회복지 분야 보조금 지출은 이미 총보조금의 절반을 차지하고 있으며, 그 속도도 일반보조금 증가 속도를 크게 능가하고 있다.

　사회복지보조금이 아무리 지자체를 통해 지출된다고 하지만, 자체재원을 매칭해서 내놓아야 하는 지자체로서는 불만이 더욱 고조될 수밖에 없다. 더욱이 '2할 자치'라는 표현을 사용할 정도로 빠듯한 자체재원을 자신들이 주체적으로 결정하지도 않은 사업에 사용해야 하는 입장에서 보면 중앙재정당국에 대해 자체재원을 늘려달라는 요구는 어쩌면 당연한 요구일 수 있다. 지자체의 이런 요구는 지방표를 의식

할 수밖에 없는 국회의 예산심의과정을 통해 증폭해서 전달되고, 국회의 동의를 절대적으로 필요로 하는 중앙재정당국으로서는 국회의 압박에 약해질 수밖에 없다. 이런 과정에서 중앙가용재원은 앞서 표 10-2에서 보았듯이 줄어들고 있다. 자체재원 확보에 관심이 많은 지자체 입장에서는 '2할 자치'지만, 중앙정부 입장에서는 가용재원의 6할을 지방에 쏟아붓고 있는 셈이다. 이처럼 중앙정부와 지자체 간 지방재정을 바라보는 정반대의 시각. 우리나라 지방재정의 현주소다.

복지보조금의 정치경제학

강봉균(당시 재경부 장관) : 기초생활을 보장하려면 막대한 돈이 들어갈 텐데요.

김성재(당시 청와대 민정수석) : 대통령님의 뜻이 확고합니다.

진념(당시 기획예산처 장관) : 뜻은 반대하지 않습니다. 다만 현실적으로 재정이 어렵습니다. 재정의 우선순위를 따져봐야 하지 않겠습니까? 지금은 공공근로부터 하고 기초생활보장제는 나중에 합시다.

김성재 : 그것만으로는 생산적인 기반이 안 됩니다. 지금이야말로 사회안전망을 짜야 할 시점입니다. 공공근로를 기초생활보장제 틀 안에서 하면 국가 전체로 재정수요가 크지 않을 것입니다.

강봉균 : 원칙적으로 그렇게 합시다. 대신 시기라도 조정합시다.

김성재 : 이번 국회(1999년)에서 처리하지 못하면 안 됩니다.

–《금고가 비었습디다》[1]

이상은 국민의정부 경제실록 격으로 발간한 책에 수록된 1999년 국민기초생활보장제 채택 여부를 둘러싸고 당시 중앙정부 당국자 간에 나눈 가상대화다. 중앙재정을 한 푼이라도 지키려는 재정당국과 복지제도를 하루라도 빨리 도입하려는 복지당국 간의 상반된 시각차를 엿볼 수 있다. 국민기초생활보장제는 결국 1999년 국회를 통과하고 1년여 준비 기간을 거쳐 2000년에 전면 실시된다. 시행 방법은 보조금 형태였다. 중앙정부가 대부분의 돈을 대지만 지자체도 매칭의 형식으로 일부 자금을 대는 형식이다. 중앙재정당국 입장에서는 돈을 아낄 수 있는 편리한 방식이다.

비록 일부 자체재원을 매칭해야 한다는 전제가 붙어 있지만 지자체 입장에서는 이 제도를 만드는 데 굳이 반대할 이유가 없었다. 결국 자금은 자신들을 통해서 집행돼야 하기 때문이다. 그런데 복지 지출은 한번 시작되면 팽창성이 있을 뿐 되물리는 법은 없다. 계속 늘어나는 복지보조금으로 지자체는 자체자금 확보를 요구하게 되고, 중앙정부는 결국 이를 수용할 수밖에 없게 된다. 이 과정에서 중앙정부의 가용재원은 줄어들어만 간다. 복지보조금의 불을 처음 지핀 중앙정부는 결국 자신이 시작한 악순환의 함정에 빠져들고 만다.

중앙재정당국은 과연 이런 악순환 함정을 모르고 제도 시행에 동의했을까. 처음에 재원이 조금 덜 든다고 시작한 복지보조금제도가 결국 부메랑처럼 돌아와 중앙정부의 가용재원을 더 내줘야 하는 결과를 예측하지 못했을까. 자체재원 매칭이 수반되는 복지보조금에 묵시적으로 동의한 지자체의 행동은 과연 합리적이라 할 수 있을까. 답을 찾기 위해 간단한 게임을 생각해보자.

어떤 영화에서도 묘사됐듯이 갑, 을, 병 세 사람이 총으로 결투를 하려고 한다. 셋 중에 갑은 명중률 80퍼센트를 자랑한다. 을의 명중률은 50퍼센트다. 병은 셋 중에서 명중률이 가장 낮은 20퍼센트다. 이 셋의 사격 솜씨는 이미 알려져 있다. 그래서 그중에서 명중률이 가장 낮은 병에게 처음 총을 뽑을 수 있도록 허용했다. 병이 결투에서 이길수 있는 가장 합리적인 선택은 무엇일까.

병이 선택할 수 있는 최선의 전략은 갑, 을 두 사람이 먼저 서로 총을 겨누는 상황을 만드는 일일 것이다. 자기가 어느 누구를 겨냥해 총을 쏴 이길 수 있는 확률은 20퍼센트에 불과하다. 만약 실패하면 상대방으로부터 반격당할 것은 불을 보듯 뻔하다. 만약 갑을 겨냥했다면 64퍼센트(80퍼센트×80퍼센트) 확률로 갑에 의해 결투에서 진다. 을을 겨냥했다 하더라도 40퍼센트(80퍼센트×50퍼센트)의 확률로 결투에서 진다. 그 어느 쪽도 자기가 이길 확률 20퍼센트보다는 높다.

갑, 을 두 사람 입장에서도 병이 굳이 자신을 먼저 공격하지 않는다면 병을 처음 공격대상으로 삼을 이유가 없다. 상대적으로 사격 솜씨가 좋은 상대를 가장 먼저 공격하는 편이 좋을 것이다. 결국 병의 최선의 전략은 허공에 대고 총을 쏘는 일일 것이다. 우선 첫 라운드에서 먼저 공격할 의사가 없음을 갑, 을 두 사람에게 확실하게 천명한 뒤 다음 라운드를 기다리는 것이다.

이제 이 게임을 복지지출을 둘러싼 중앙정부, 지자체 간 관계에 적용해보자. 앞서 국민기초생활보장제 도입을 둘러싼 재정당국과 복지당국 간의 가상대화에서 엿볼 수 있듯이, 제도를 시행하기 전의 결정권은 중앙재정당국이 쥐고 있다. 물론 정치권을 등에 업은 복지당국도 만만치 않은 영향력을 행사할 것이다. 그렇지만 제도 시행을 위해서는 재정당국의 최종적인 동의가 있어야 한다는 점에서 첫 라운드의 우위는 재정당국에 있다고 봐야 할 것이다. 이런 맥락에서 앞선 결투게임에 참여한 세 사람 중 갑은 중앙재정당국으로, 을은 중앙의 복지사업당국으로 상정해 볼 수 있을 것이다.

한편, 이 게임에서 병은 지자체다. 병의 위치에 선 지자체 입장에서는 굳이 처음부터 중앙재정당국과 복지사업당국 간의 논의 과정에 끼어들 필요가 없다. 복지 지출이 지자체를 통해 집행된다고 해서 공연히 복지사업당국의 편을 들었다가는 보조금 매칭비율을 더욱 높게 부담하는 결과를 초래할 수도 있기 때문이다. 그렇다고 처음부터 보조금 매칭비율을 문제 삼아 중앙재정당국의 심기를 건드릴 필요도 없다. 자칫하면 과도한 재정부담을 우려한 중앙재정당국의 반대로 제도시행 자체가 지연될 수도 있기 때문이다.

더욱이 지자체로서는 다음 라운드를 기대해볼 수 있다. 일단 제도가 시행되고 난 이후인 두 번째 라운드에서는 상황이 달라진다. 중앙재정당국의 영향력은 급속히 저하된다. 한번 시작한 복지제도를 되물리기는 거의 불가능하다. 중앙재정당국이 할 수 있는 일은 속도를 조율하는 정도일 뿐이다. 그나마 여기에서의 영향력도 제한적일 수밖에 없다. 두 번째 라운드를 통해 지자체는 자체재원 부족을 내세워 중앙재정당국을 압박할 수 있다. 이 상황에서 지자체는 중앙복지당국으로부터 묵시적 지원까지도 내심 기대해볼 수 있다. 중앙복지당국 입장에서는 어렵게 시행된 제도가 중단 없이 시행되는 것을 선호할 것이다. 그런데 지자체가 자체재원이 없어 집행이 어렵다고 호소한다면 당연히 어느 편을 도와주고 싶을지는 쉽게 짐작할 수 있을 것이다.

이제 갑의 입장에서 생각해보자. 병이 첫 라운드에서 결투에 참여할 뜻이 없음을 분명히 밝혔다면, 갑의 입장에서는 을과의 결투를 먼저 시작하는 수밖에 다른 선택은 없다. 이는 을도 마찬가지다. 갑 입장에서는 첫 라운드에서 벌이는 을과의 결투는 외통수다. 게임용어로는 '코너솔루션Corner Solution'이다. 이는 분명히 갑의 위치에 있는 중앙재정당국 입장에서 바람직한 결과는 아닐 것이다. 더욱이 다음 라운드에서는 분명히 영향력이 급속히 줄어들 것이 뻔하다. 그러나 이를 알고서도 현재의 게임 규칙에서는 어쩔 도리가 없는 상황에 빠지고 있는 것이다.

그런데 중앙재정당국이 중앙가용재원을 계속 잃어가는 이런 상황이 중앙재정당국의 영향력 축소로 그치는 것이 아니라는 점이 문제다. 이렇게 확대되는 복지보조금의 악순환 속에서 복지 지출이 당초 예상보다 빨리 늘어나고, 이에 따라 중앙재정당국이 보유한 국민의 혈세가 더 효율적으로 사용될 수 있는 여지가 크게 위축될 수 있다. 예를 또 하나 들어보자.

식욕이 왕성했지만 주머니가 넉넉하지 않았던 고등학교 시절에 필자는 중국집에서 자장면 한 그릇을 주문해서 국수를 재빨리 먹은 뒤, 마음씨 좋은 주인에게 여전히 소스가 남아 있는 그릇을 보여주며 공짜 사리를 요청한 적이 있다. 운 좋게 추가 국수가 제공되면 다시 충분히 비벼지지 않은 국수를 보여주며 추가 소스를 요청했다. 결과적으로 필자는 자장면 한 그릇 값으로 두 그릇의 자장면을 먹은 셈이다. 필자 입장에서는 대단한 성공이었다. 그러나 왕성한 식욕을 마음씨 좋은 주인에게 과시하느라 허겁지겁 먹는 통에 속이 불편했던 기억이 있다. 역시 값이 싸면 당초 생각한 것 이상으로 소비하는 것이 인지상정이다.

이상 두 가지 사례를 토대로 복지보조금을 둘러싼 중앙재정당국, 중앙복지당국, 지자체의 삼각관계를 복기해보자. 복지보조금제도는, 국민기초생활보장제와 같이 '막대한 돈이 들어가는' 새로운 제도를 도입하는 데 있어 윤활유 같은 역할을 수행했다. 그런데 윤활유는 두 가지 차원에서 착시현상을 불러왔다. 제도 시행에 100만큼의 비용이 들지만 중앙재정당국 입장에서는 지자체 매칭비용을 제외하고 80만큼만 소요된다고 생각할 수 있다.

제도를 집행하는 입장에서도 착시현상이 일어난다. 일단 시작된 제도를 이행하는 데 자신들이 부담할 비용은 상대적으로 적다. 주민들이 원한다면 당장의 호주머니 사정에 연연하지 않고 가급적 많은 주민에게 혜택이 돌아가도록 하는 것이 정치적으로도 도움이 된다. 자체재원이 많이 소요되면 중앙재정당국에 추가 자체재원 할애를 요청할 수 있다.

결과적으로 착시현상을 통해 복지제도는 당초 예상한 것보다 빠르게 확대될 수 있다. 이에 따라 복지 지출도 당초 중앙재정당국이 예상한 것보다 빨리 증가될 것이다. 제도의 빠른 확산을 내심으로 바라는 중앙복지당국도 '감히 드러내놓고 청하지는 않겠지만 속으로 바라는' 상황일 것이다. 자연스럽게 중앙재정당국은 고립무원의 상태에 빠져든다.

중앙재정당국 입장에서 이런 고립무원의 악순환을 타개할 수 있는 방안은 없을까. 가장 먼저 생각할 수 있는 방안은 지자체를 배제하고 중앙재정당국과 중앙복지당국 간의 양자 게임으로 바꾸는 방법이다. 실제로 영국, 네덜란드의 경우 복지 지출은 대부분 중앙정부에서 담당하고 있다.[*] 그러나 이를 시행하려면 거꾸로 지방세를 국세로 이양해야 한다. 현재 우리나라 상황으로서는 거의 불가능에 가까운 대안으로 보인다.

---

[*] 영국과 네덜란드는 우리보다 높은 수준의 사회보장체제를 가지고 있으면서도 지방세 비중은 표 10-3에서 보듯이 우리나라보다 낮다. 지방세를 최소한의 수준으로 유지하는 대신, 중앙정부가 사회복지 지출을 대부분 담당하고 있다. 다만 지출 방식에서 보면 영국은 중앙정부기관이 직접 담당하지만 네덜란드는 지자체를 통해 집행한다는 점이 차이점이다.

그러면 삼각결투 상황을 어쩔 수 없이 받아들인다 하더라도 병을 첫 번째 라운드부터 결투에 참여하게 하는 방안은 없을까. 다시 말해 지자체를 처음부터 의사결정 과정에 참여하게 하고 그 결정에 책임지게 하는 방안은 없을까. 만약 지자체를 처음부터 게임에 참여할 수 있게 한다면 복지보조금의 착시현상은 훨씬 줄어들 것이다.

삼각결투의 예에서 갑이 외통수를 벗어나는 길은, 병이 첫 번째 라운드에서 결투에 참여하는 것이 유리할 수 있게 병의 명중률을 높여주는 일일 것이다. 물론 이를 위해서는 갑의 사전 지원이 필요하다. 갑의 입장에서도 이렇게 하는 것이 두 번째 라운드 과정을 통해 결과적으로 더 많은 부담을 지는 것보다 나은 선택일 수 있다. 여기서 전제조건은 갑의 사전 지원이 병의 사격 솜씨를 높이는 데에만 사용돼야 한다는 점이다. 만약 다른 용도로 쓰이면 갑의 입장에서는 자금만 낭비하는 셈이 될 것이기 때문이다. 노무현정부 시절 시도된 분권교부세는 바로 이런 시도의 하나로 볼 수 있다.

분권교부세 실험

역대정부 중 지방분권에 가장 역점을 둔 정부를 꼽으라면 2003년부터 2008년까지의 참여정부라는 데 이의를 다는 사람은 많지 않을 것이다. 행정부의 대부분을 지방으로 이전하는 행정복합도시, 공공기관을 지방으로 이전하는 혁신도시가 바로 이 시기에 결정됐다. 참여정부는 출범 초부터 지방분권을 핵심국정과제로 선정하고, 대통령 직속의 정부혁신지방분권위원회를 운영하며 중앙정부 기능의 지방 이양을 적극 추진했다. 이런 작업 중의 하나가 분권교부세였다.

분권교부세는 지자체가 추진해오던 중앙정부의 대행 업무를 재원과 함께 지자체로 이양하는 것을 목표로 했다. 과거에도 이런 작업은 간헐적으로 이뤄졌지만 참여정부에서는 일반교부세처럼 아예 일정 비율을 떼어놓는 방식으로 자체재원을 마련해주고 시작했다. 일반교부세와 다른 점은 이 재원의 용처가 기존 보조금 사업에 한정된다는 것이었다. 비록 이런 제약은 있었지만 기존의 보조금제도에 비해서 지자체의 자율성 확보 차원에서는 분명히 진일보한 제도라고 할 수 있었다. 앞선 삼각결투의 예에서 갑이 병에게 활용할 수 있는 재원을 미리 떼어주되, 대신 첫 라운드부터 일정한 역할을 수행하도록 한 셈이었다.

그러나 노무현 대통령의 전폭적인 지원사격*에도 난관은 많았다. 첫 번째 반발 주체는 제도가 시행되면 기능을 지자체에 넘겨줘야 하는 중앙의 사업부처였다. 각 부처들은 자신들의 사업이 국가정책과 연계성이 강하므로 지자체보다는 중앙정부가 직접 수행해야 국가 전체적으로 형평성 있게 추진될 수 있음을 경쟁적으로 주장했다. 재정

---

* 노무현 대통령은 정권 첫해인 2003년 7월 22일 국무회의를 통해 '지방 이양해야 될 대상을 찾아내는 것이 아니라, 중앙에 꼭 남겨줘야 할 필요성이 있는 사무를 찾아내고 나머지는 전부 지방으로 이양하는 방식으로 추진'할 것을 지시한다.

당국이 대통령 지시사항임을 강조하며 강력하게 밀어붙였지만 어렵게 만들어낸 정부의 조정안은 2004년 예산상 총보조금사업액 12조 6,548억 원 중 8.4퍼센트인 1조 689억 원이었다. 그나마도 국회 심의 과정에서 교육인적자원부와 인권위원회의 사업이 제외되어, 이양이 최종 확정된 사업 규모는 1조 원에도 못 미치는 9,581억 원이었다.

지자체의 반발도 만만치 않았다. 지자체의 불만은 주로 이양되는 사업에 비해 재원이 부족하다는 것이었다. 재정당국이 분권교부세율로 책정한 0.83퍼센트의 예상세수는 8,454억 원으로써 이양사업 규모에 비해 1,000억 원 이상 모자라다는 것이었다. 재정당국이 분권교부세는 내국세수가 늘어나면 덩달아서 빠르게 증가될 수 있는 재원임을 강조하여 설득하려 했지만 당장의 재원 부족을 지적하는 지자체의 주장이 훨씬 강력했다. 결국 담배소비세 인상분을 분담교부세 재원에 포함시키는 선에서 절충안이 마련됐다. 그나마도 5년 뒤에 상황을 재점검한다는 꼬리표가 붙어 있는 상태에서 말이다.

재원 부족의 문제는 이후에도 계속됐다. 지자체는 재원 부족을 이유로 지방으로 이양된 사업을 다시 국가사업으로 환원시켜줄 것을 요구했다. 그렇지만 이제는 중앙사업부처가 반발했다. 일단 지방으로 내준 사업을 자신들이 가져올 경우 해당부처가 추진하고 싶은 다른 사업들이 예산 부족으로 타격받을 수 있을 것이라는 판단 때문이었다. 결국 당초 2009년까지 운영될 계획이었던 분권교부세는 교부세율을 0.94퍼센트로 올리는 선에서 한 차례 연장됐다가 2013년 163개

사업 중 3개 사업을 국가사업으로 환원시키고 폐지되고 말았다.

분권교부세라는 임시 꼬리표를 달았던 160개 국가보조사업이 완전히 지방사업으로 전환됐으므로 나름대로 지방분권 진전이었지만 당초 참여정부가 기대했던 호랑이 그림에는 턱없이 모자란 고양이를 그린 셈이었다. 더욱 실망스러운 점은 국가보조사업 이양에 대한 지자체의 태도가 소극적으로 바뀌었다는 점이다. 앞으로 유사한 제도 변화를 추진하기가 더욱 어려워졌다는 의미다.

이 (분권교부세) 경험 때문에 지금도 지방정부는 국가보조사업 이양에 '트라우마'가 있다. 이양의 속셈이 사업비를 지방에 떠넘기려는 것이 아닌지 의심한다.

— 《재정은 어떻게 내 삶을 바꾸는가》[2]

왜 이런 결과가 나타났을까. 무엇보다 지방이양 대상 사업이 처음부터 제한적이었다. 지방이양 대상 보조사업에는 민간투자사회간접자본Social Overhead Capital, SOC과 같이 국토균형개발 목적의 사업 이외에도 대부분의 복지사업이 제외됐다. 예컨대, 2004년 예산상 국고보조금 사업의 42퍼센트를 점유하고 있는 복지부 보조사업의 경우 지방이양 대상에서 제외된 보조금사업은 84.6퍼센트에 달했다. 이렇듯 큰 덩어리가 처음부터 제외된 채 작업이 진행되다 보니, 작업 과정에서 불가피하게 나타날 수밖에 없는 마찰음에 비해 효과가 제한적일 수밖에 없었다. 물론 복지사업을 국고사업으로 유지해야 한다는 논리도 나름대로 설득력은 있지만, 이에 대한 논의는 잠시 미루어놓기로 한다.

분담교부세 규모가 지나치게 작았다는 점도 문제점으로 지적될 수 있다. 물론 이양재원은 이양되는 기능과 연계될 수밖에 없겠지만 1조 원도 채 못되는* 분담교부세는 지자체의 흥미를 끌기에는 애초부터 무리였다. 더욱이 일부 사업의 경우에는 사업 규모가 당초 예상보다 빠르게 늘어났다. 분담교부세 세수가 늘어나는 것보다 더 빠르게 지출이 늘어난 것이다.** 자연스럽게 지자체의 불만도 고조될 수밖에 없었다.***

일본의 소비세 인상 실험

또 하나의 실험은 바로 이웃나라 일본에서 이뤄졌다. 바로 2012년에

---

* 2013년 분담교부세가 폐지된 시점에서 예상된 분담교부세 규모는 1.7조 원이었다.
** 지방이양 대상 중에는 일부 사회복지사업도 포함돼 있는 바, 특히 이런 사회복지사업의 지출 증가 속도가 빨랐다. 2006년 복지부의 국정감사자료에 따르면 지방이양 대상 복지사업의 2001~2005년간 연평균 예산증가율은 20.5퍼센트로, 분담교부세수 증가율 8.4퍼센트를 크게 능가했다.
*** 2013년 분권교부세 폐지를 결정한 안전행정위원회 여당 간사의원은 보도자료를 통해 지방재정이 늘어났음을 특히 강조했다. "3개 사업(노인양로시설, 장애인생활시설, 정신요양시설 운영)의 국고보조 환원 뒤에도 재원은 분권교부세율을 그대로 교통교부세에 이전시키기 때문에 지방재정은 실질적으로 약 3,000억 원 증대효과가 있다.", "그동안 지방재정에 큰 부담이 돼온 분권교부세를 폐지해 지방재정 운영의 자율성을 확대했다는 데 의의가 크다." 역으로 분권교부세에 대한 지자체의 불만이 재원 부족에 있다는 점을 시사하는 대목이라 할 것이다.

표 10-5 **일본 국가부채 증가 요인 분해**   (단위: 백만 엔)

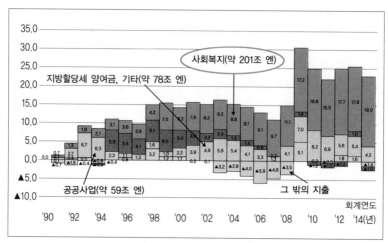

일본의 국가부채는 2012 회계연도 말 기준 1,142조 원으로서 GDP의 242퍼센트를 점유하고 있다. 이런 국가부채의 급증은 1990년대 이후 누적돼온 현상이지만, 특히 2009년 민주당 정부의 출범 이후 가속도가 붙고 있다. 그 주요 요인이 늘어나는 복지 지출을 세수 확보를 통해 조달하기보다는 국채 발행을 통해 조달하기 때문임을 일본 정부 스스로도 인식하고 있다.
* 자료 출처: 일본 재정부

집권당인 민주당이 재집권 가능성을 거의 포기하는 정치적 대가를 치르면서 시도했던 소비세율 인상이다. 2011 회계연도 말 당시 일본의 국가부채는 GDP의 235퍼센트에 달하고 있었다. 국가부채 증가의 주원인은 복지 지출의 증가였다. 복지 지출의 대부분은 국채발행을 통해 조달됐다. 특히 2009년 민주당 단독정부가 들어선 이후 복지 지출이 급속히 증가한 반면, 세수는 오히려 줄어들었다. 당연히 늘어나는 복지 지출은 전액 적자보전국채를 통해 조달됐고, 이는 국가부채 급증의 주요인으로 작용했다.

소비세 인상은 정치적으로 매우 어려운 결정이었다. 1978년 소비세가 도입되고 난 뒤 소비세 인상을 시도하다가 두 번에 걸쳐 정권이 교체됐고, 같은 정권 내에서도 여덟 번이나 내각이 붕괴된 바 있다. 최근에도 민주당이 일본 정치사상 처음으로 단독정부 수립에 성공한 지 1년 만에 치러진 2010년 참의원(상원)선거에서 소비세 인상을 내건 민주당이 참패했고, 이는 결국 내각 붕괴를 가져오면서 당까지 쪼개지는 아픔마저 겪어야 했다.

소비세 인상은 특히 연금 소득에 의존해야 하는 고령층에게 인기가 없었다. 집권 민주당이 참패했던 2010년 참의원선거에서는 전체 인구의 37퍼센트를 차지한 60세 이상 고령자가 전체 투표자의 45퍼센트를 차지할 정도로 높은 투표율을 보인 바 있다. 그럼에도 2012년 실제 소비세율 인상을 결정할 당시 여론조사 결과는 오히려 고령층이 소비세 인상에 호의적인 것으로 나타났다. 소비세수 증가분의 사용처를 연금, 의료, 노인요양, 그리고 보육 등 사회복지 지출로 한정시켰기 때문이었다.

소비세율 인상은 두 단계로 나눠 이행하도록 계획됐다. 1단계 인상은 2014년 4월에 당시 5퍼센트 세율을 일단 8퍼센트로 올린 뒤, 2단계로 2016년까지 그 2배인 10퍼센트까지 올리는 것을 목표로 했다. 세율증가분의 24퍼센트는 지방소비세로 편입됐으며 추가 6퍼센트도 교부금 형태로 지자체에 귀속되도록 했다. 소비세수 증액분의 30퍼센트를 지자체의 재원으로 할애하는 통 큰 결정을 한 것이다. 앞서 삼각결투 게임에서 갑이 외통수 상황을 벗어나기 위해 병을 첫 번째 라운드부터 끌어들이려면 병이 관심을 가질 만큼 상당한 사전 지원을 약속해야 하는 것과 유사한 맥락이라고 볼 수 있을 것이다.

그렇지만 늘어난 세수를 지자체가 마음대로 사용하게 한 것은 아니었다. 다시 삼각결투 게임 상황에 비춰보면, 병이 사전 지원된 자금을 사격 실력 배양 이외의 목적에 사용할 수 없도록 조건을 달아놓은 것이었다. 지방소비세의 경우 소비세증가분은 지자체가 전액 연금, 의료, 사회보장급여 등 사회복지사업에 사용하도록 의무화하는 법 개정이 이뤄졌다.* 교부세의 경우 매년 지방재정계획을 작성 집행하는 과정에서 중앙정부와 국회의 승인 절차를 거치도록 했다. 이와는 별도로 국고로 귀속되는 소비세증가분 70퍼센트도 연금, 건강보험, 개호보험 등 3대 사회보장기금에 전액 사용하게 함으로써, 지자체의 사회복지 지출과 보조를 맞추도록 했다. 지자체가 미리 정해진 범주 내 복지 지출에 세수증가분을 사용하도록 하되, 실제 구체적 지출 방법이나 규모에 대해서는 지자체가 스스로 결정할 수 있는 여지를 넓혀놓은 것이다.

앞서 얘기했듯이 이런 지방분권의 개념은 사실 참여정부의 분권교부세 실험에서도 시도된 바 있다. 그러나 한국의 분권교부세와는 달

---

* 소비세증가분의 사회복지 지출을 의무화하기 위해 소비세법은 다음과 같이 개정됐다. "소비세 세입에 대해서는 지방교부세법에 정해진 사업 이외에, 매년도 제도로서 확립된 연금, 의료 및 간호의 사회보장급여 및 핵가족화 대책을 위한 시책에 필요한 경비로 사용하도록 하여야 한다"(개정 소비세법 제1조 2제 2항).

리, 일본의 소비세율 인상은 일단 절반의 성공은 거둔 듯하다. 2012년 소비세율 인상 결정 때 세율 인상을 반대했던 아베 신조安倍晋三의 자민당도 2013년 집권에 성공했지만 1단계 소비세 인상을 예정대로 이행했다.

아쉽게도 2014년 2단계 인상은 예정대로 진행되지 않았다. 그럼에도 아베정부는 소비세 인상의 완전 철회를 택하지는 못했다. 비록 아베정부가 2014년 조기총선의 주요 이유로 소비세율 인상 유보를 내걸었지만, 결국 2단계 집행 시기를 1년 6개월 연기하는 정도에서 그칠 수밖에 없었다. 비록 소비세 인상에 대한 정치적 저항이 만만치 않았지만 소비세 인상으로부터 혜택을 받는 고령층, 지자체 등으로부터 받은 정치적 지지도 만만치 않았을 것임을 짐작하게 하는 대목이다.

복지재정 개혁이 주는 시사점

앞서 일본재정 사례에서 확실히 나타났듯이, 사회복지 지출은 사회간접자본 지출 등 경제 분야 지출과 달리 한번 시작하면 되물리는 것은 거의 불가능하다. 따라서 새로운 복지프로그램을 시작할 때 비용을 정확히 따져 감내 가능한 수준이냐 아니냐의 여부를 명확히 따져봐야 한다. 이런 관점에서 볼 때 보조금제도는 문제가 있다. 중앙재정당국으로 하여금 당장 국고에서 부담하는 비용만을 염두에 두게 만드는 착시현상을 유발할 소지가 있다. 이를 집행하는 지자체 입장에서도 당장 자신들이 부담하는 비용이 적은 상황에서 재원을 아껴야 한다는 인식이 약할 수 있다. 이런 문제는 특히 중앙정부 차원에서 결정이 이뤄지고 지자체는 대행 역할을 하는 복지 분야 보조금에 심하게 나타날 수 있다. 앞서 논의한 삼각결투 게임의 외통수 상황이다.

이를 극복하는 방법은 결국 지자체도 책임을 지고 주체적으로 나설 수 있는 상황을 만들어주는 것이다. 이런 맥락에서 일본의 소비세 인상 실험은 우리에게 많은 시사점을 던져준다. 일본의 소비세 인상은 소비세율을 2배로 올리는 큰 폭의 증세 상황에서 이뤄졌지만, 증세분의 30퍼센트가 지자체에 보조금이 아닌 일반재원으로 제공됐다. 1조 원에도 채 미치지 못했던 참여정부의 분담교부세와는 차원이 다르다. 비록 추가재원은 모두 복지에 사용해야 한다는 조건이 붙어 있었지만 지자체별로 복지사업의 내용과 규모를 조정할 수 있는 자율성이 부여됐다. 일종의 포괄적인 복지보조금이다.

복지 업무를 지자체에 얼마나 맡길 수 있느냐는 토론 대상이다. 그러나 주민에 대한 복지도 중요한 지자체의 업무다.* 중앙정부만큼이나 지자체도 복지 업무를 챙겨야 할 의무가 있다. 그럼에도 현재 복지보조금제도는 지자체를 중앙정부의 대행업무 집행기관 정도의 수동

---

* 지자체의 권리와 의무를 규정한 지방자치법은 '주민의 복지 증진에 관한 사무'를 지자체의 여섯 분야 업무 중 두 번째로 규정하고 있다.(지방자치법 제9조 2항)

적 역할로만 한정시키는 결과를 가져왔다. 물론 지자체가 더 적극적인 역할을 수행한다면 지역에 따라 차등적인 복지가 제공될 수 있다. 예컨대, 출산장려금 지급사업의 경우에는 첫째 아이부터 지급하는 지역도 있지만 셋째 아이부터 주는 지역도 있다. 지급액도 셋째에게 500만 원 이상 지급하는 지역도 있지만 50만 원만 지급하는 지역도 있다. 이는 복지 기본권이라는 관점에서 문제로 인식될 수도 있을 것이다. 그러나 지방자치가 주민의 의견을 최우선으로 하는 풀뿌리 민주주의라는 관점에서는 당연한 일일 수도 있다.

더욱이 지자체가 복지 업무에 더 주체적으로 참여하게 하는 것은 복지재원을 더 효율적으로 활용한다는 측면에서도 도움이 될 것이다. 지자체도 복지사업을 결정할 때 스스로 가용재원을 염두에 둘 수밖에 없을 것이기 때문이다. 복지사업을 되물리기는 어렵지만 적어도 복지사업이 브레이크 없이 커질 가능성은 적어질 것이다. 그만큼 지자체도 자신이 참여한 결정에 대해 스스로 책임져야 하기 때문이다.

물론 복지 업무 중에는 기초연금처럼 전 국민에게 공통적으로 적용해야 하는 업무도 있다. 그러나 공통적인 기준이 적용된다 하더라도 모든 국민이 금액까지 동일한 대우를 받아야 하는 것을 의미하는 것은 아닐 수도 있다. 예컨대, 국민기초생활보장제의 주거급여의 경우 지역별 주거비용에 차등이 있는 상황에서 지역에 관계없이 동일한 주거급여를 제공하는 것을 전제로 제도를 운영할 필요는 없다. 복지 업무라도 지자체가 더 주체적으로 의사 결정에 참여할 수 있는 분야도 있을 것이다.

또 다른 문제는 포괄복지보조금의 규모다. 삼각결투 게임이 시사하듯이 규모는 지자체가 관심을 가질 수 있을 정도로 커야 한다. 특히 참여정부의 분담교부세 실험으로 인한 지자체의 '트라우마'를 감안하면 더욱 그렇다. 그러나 현재 중앙정부의 가용재원 상황을 감안하면 중앙정부에 선뜻 이런 '통 큰' 결정을 요구하기는 현실적으로 어려울 듯하다. 역시 일본의 소비세 인상처럼 증세가 불가피해지는 상황에서 생각해볼 수 있는 결정일 것이다.

복지보조금을 둘러싼 우리의 삼각결투 게임 상황은 현재진행형이다. 기초생활보장제, 기초연금제 등 대형 복지프로그램이 속속 시행되고 있다. 현 상황에서는 이런 프로그램들이 가용재원 범위에서 시행될 수 있게 무분별한 확대를 막는 것이 급선무일 것이다. 그러나 이는 중앙재정당국만의 힘으로는 이기기 어려운 게임이다. 게임의 룰을 바꿔줘야 한다. 게임의 룰을 바꿀 상황은 일본처럼 증세가 불가피해지는 시점일 것이다. 이때를 대비해서 미리 대책을 강구해놓을 필요가 있다.

● 주 ●

서문

1 Paula Szuchman and Jenny Anderson, *Spousonomics*, RandomHouse Inc, 2011, pp. 281.

1장

1 Dani Rodrik, Getting the intervention right: how South Korea and Taiwan grew rich, working paper No. 4964 National Bureau of Economic Research, Dec. 1994.
2 홍은주 외, 《코리안 미러클 1》, 나남, 2013, p.426에서 인용.
3 이장규, 《대통령의 경제학》, 기파랑, 2012, p.162에서 인용.
4 홍은주 외, 앞의 책, p.435에서 인용.
5 Nam, Sang-Woo, "Family-Based Business Groups: Degeneration of Quasi-Internal Organization and Internal Markets in Korea", *ADB Institute Research Paper* 28, Dec. 2001.
6 이장규, 앞의 책, p.163에서 인용.

2장

1 홍은주 외, 앞의 책, p.156에서 인용.
2 위의 책, p.156에서 인용.
3 위의 책, p.401에서 인용.
4 위의 책, p.377에서 인용.
5 위의 책, p.380쪽에서 인용.
6 이장규, 앞의 책, p.167에서 인용.

3장

1 강경식, 《강경식의 환란일기》, 문예당, 1999, p.283에서 인용.
2 김준경, "Moving towards financial liberalization before 1997 Financial Crisis in korea: 1980~1996", KDI.
3 강경식, 《국가가 해야 할 일, 하지 말아야 할 일》, 김영사, 2010, pp.640~641에서 인용.
4 위의 책, p.643에서 인용.
5 Owen Bowcott, "Big bang blueprint to deregurate financial service released", *The Guardian*, Jan. 3, 2014.
6 Jonathan Guthrie, "Big Bang gave London top tier status", *Financial Times*, April 8, 2013.
7 Phillip Booth, "Thatcher changed the City forever but Big Bang isn't the whole story", *City A.M.*, April 10, 2013.
8 강경식, 《국가가 해야 할 일, 하지 말아야 할 일》, 김영사, 2010, p.192에서 인용.

4장

1 Mark Walker, James Bromley and Sang Jin Han, "Lesson for Korea's new restructuring act", *International Financial Law review*, 2005. 1.
2 Kim, Joon-Kyung, "Assessment of Progress in Corporate Restructuring in Korea since 1997~98 Crisis", *Journal of Restructuring Finance*, Vol.1 No.2, 2004.
3 이헌재, 《위기를 쏘다》, 중앙북스, 2012, p.264에서 인용.

5장

1 김수길 외, 《금고가 비었습디다》, 중앙 M&B, 2003, p.268에서 인용.
2 위의 책, p.267에서 인용.
3 이헌재, 앞의 책, p.251에서 인용.

6장

1 이헌재, 앞의 책, p.163에서 인용.
2 위의 책, p.164에서 인용.
3 위의 책, p.166에서 인용.
4 위의 책, p.166에서 인용.
5 권오규, 《한국의 기업구조조정》, 쓰리아이전략연구소, 2012, p.79에서 인용.

7장

1 강경식, 《국가가 해야 할 일, 하지 말아야 할 일》, 김영사, 2010, p.91에서 인용.
2 재정경제부 공적자금관리위원회(편), 〈공적자금관리백서〉, 2000, 9, p.21에서 인용.
3 이헌재, 앞의 책, p.264에서 인용.
4 Sohn, Wook, "Market response to bank relationships: Evidence from Korean bank reform", *Journal of Banking & Finance* 34 (2010).
5 정재룡·홍은주, 《부실채권 정리》, 삼성경제연구소, 2003, p.99에서 인용.
6 위의 책, p.106에서 인용.
7 위의 책, p.261에서 인용.
8 이헌재, 앞의 책, p.263에서 인용.

8장

1 Freeman, Richard B and Morris M. Kleiner, "Do Unions Make Enterprises Insolvent?", *Industrial and Labor Relation Review*. Vol 52 (4), July 1999, pp 510~527.
2 Cho, Joonmo, "An Economic Analysis of the Effect of Korean Labor Union on Corporate Bankrupcy Threat", chapter 6 of Empirical Evaluation of Corporate Restructuring edited by Stijin Classens and Dongsoo Kang, *Conference book*, 2004.
3 이장규, 앞의 책, p.272에서 인용.
4 위의 책, p.407에서 인용.
5 위의 책, p.412에서 인용.
6 Holger M. Mueller and Thomas Philippon, "Family Firms and Labor Relations", *American Economic Journal*, Macroeconomics, 3(April 2011).
7 Colin Lawrence and Robert Z. Lawrence, Manufacturing Wage Dispersion: An

End Game Interpretation, Brookings Papers on Economic Activities, Vol 1985 No. 1, pp. 47~116.

9장

1 Kim, Se-Jik, and Shin, Hyun Song, "Sustaining Production Chains through Financial Linkages", *American Economic Review*: Paper&Proceedings, 2012.
2 신현송, 김세직은 이를 위 논문에서 수식으로 증명했다.
3 최공필 · 이충언, 〈어음제도의 거시경제적 기능과 통화정책〉, 금융연구원, 1998, 9.
4 정운찬, 《동반성장》, 21세기북스, 2013, p.43에서 인용.
5 T Jamiro and H.i. Kulmala, Incentive Profit Sharing Rules joined with Open-book accounting in SME networks, *Production Planning and Control*, Vol 19 No.5, July 2008.
6 이장우, 《패자 없는 게임의 룰 동반성장》, 미래인, 2011, p.187에서 인용.

10장

1 김수길 외, 앞의 책, p.460에서 인용.
2 김태일 · 좋은예산센터, 《재정은 어떻게 내 삶을 바꾸는가》, 코난북스, 2014, p.124에서 인용.

● **참고문헌** ●

· 강경식, 《강경식의 환란일기》, 문예당, 1999
· 강경식, 《국가가 해야 할 일, 하지 말아야 할 일》, 김영사, 2010
· 권오규, 《한국의 기업구조조정》, 쓰리아이전략연구소, 2012
· 김수길 · 이정재 · 정경민 · 이상렬, 《금고가 비었습디다: DJ정권 5년의 경제 실록》, 중앙 M&B, 2003
· 김태일 · 좋은예산센터, 《재정은 어떻게 내 삶을 바꾸는가: 이제는 알아야 할 지방재정 이야기》, 코난북스, 2014
· 이장규, 《대통령의 경제학: 역대 대통령 리더십으로 본 한국경제통사》, 기파랑, 2012
· 이장우, 《패자 없는 게임의 룰 동반성장: 대기업-중소기업의 새로운 공존 전략》, 미래인, 2011
· 이헌재, 《위기를 쏘다: 이헌재가 전하는 대한민국 위기 극복 매뉴얼》, 중앙북스, 2012
· 정운찬, 《동반성장: 미래를 위한 선택》, 21세기북스, 2013
· 정재룡 · 홍은주, 《부실채권 정리: 금융산업의 뉴 프론티어》, 삼성경제연구소, 2003
· 홍은주 · 이은형 · 양재찬, 《코리안 미러클 : 육성으로 듣는 경제기적 1》, 나남, 2013

● **이미지 출처** ●

P.212 박경모, 〈동아일보〉, 1989년 6월 19일자 사진.

경제는 게임이다

제1판 1쇄 인쇄 | 2015년 8월 25일
제1판 1쇄 발행 | 2015년 8월 31일

지은이 | 조원동
펴낸이 | 고광철
펴낸곳 | 한국경제신문 한경BP
편집주간 | 전준석
편집 | 마현숙 · 추경아
기획 | 이지혜 · 백상아
홍보 | 정명찬 · 이진화
마케팅 | 배한일 · 김규형
디자인 | 김홍신

주소 | 서울특별시 중구 청파로 463
기획출판팀 | 02-3604-553~6
영업마케팅팀 | 02-3604-595, 583   FAX | 02-3604-599
H | http://bp.hankyung.com   E | bp@hankyung.com
T | @hankbp   F | www.facebook.com/hankyungbp
등록 | 제 2-315(1967. 5. 15)

ISBN 978-89-475-4036-0   03320

책값은 뒤표지에 있습니다.
잘못 만들어진 책은 구입처에서 바꿔드립니다.

2015. 09.